U0689302

金税四期环境下
企业财税风险管控与筹划

韩素 王民 张思思 张冬冬 李雨霏 编著

人民邮电出版社

北京

图书在版编目（CIP）数据

金税四期环境下企业财税风险管控与筹划 / 韩素等编著. -- 北京：人民邮电出版社，2022.5（2024.6重印）
ISBN 978-7-115-58780-0

Ⅰ. ①金… Ⅱ. ①韩… Ⅲ. ①企业管理－财务管理－风险管理－中国②企业管理－税收管理－风险管理－中国③企业管理－税收筹划－中国 Ⅳ. ①F279.23②F812.423

中国版本图书馆CIP数据核字（2022）第037620号

内 容 提 要

本书基于作者企业财税管理相关课程内容，从财税内部管控和税收筹划的角度出发，重点讲解企业财税战略、企业会计实务、企业财务分析、企业成本控制、企业税收筹划与节税、企业财务管理制度、企业财务风险管理和企业财务目标管控等关键点，内容紧密结合工作实际，对常见问题给出了解决思路和建议。本书讲解丰富的理论知识与实践经验，运用大量案例，将思维改变到实用落地贯穿始终。

本书提供系统、全面、落地的财税全面管控方案，有助于企业减少成本浪费，增强竞争力，增加利润。本书能够帮助会计人员以及企业财务管理人员更新或学习有关知识，提升和拓展相关技能，培养及增强职业敏感度。本书可作为企业培训财务人员的教材。

◆ 编　著　韩　素　王　民　张思思　张冬冬　李雨霏
　　责任编辑　李士振
　　责任印制　周昇亮

◆ 人民邮电出版社出版发行　北京市丰台区成寿寺路 11 号
　　邮编 100164　电子邮件 315@ptpress.com.cn
　　网址　https://www.ptpress.com.cn
　　北京七彩京通数码快印有限公司印刷

◆ 开本：700×1000　1/16
　　印张：16　　　　　　　　2022 年 5 月第 1 版
　　字数：318 千字　　　　 2024 年 6 月北京第 4 次印刷

定价：89.80 元

读者服务热线：(010)81055296　印装质量热线：(010)81055316
反盗版热线：(010)81055315
广告经营许可证：京东市监广登字 20170147 号

税收作为现代企业财税管理的重要经济环境要素和现代企业财务决策的影响因素，对完善企业财税管理制度、实现企业财税管理目标至关重要。因此，从税收对企业经济发展的影响出发，为提高税收筹划效果，促进企业可持续发展，应将税收筹划融合进财税管理的各环节之中，通过各环间的内在互动，实现企业财税战略价值最大化的目标。

编写本书的理由

财税管理作为一门专业性较强的课程，对初学者来说，难免会有不知如何下手的感觉。在财税实务中，财税法规的内容并非一成不变的，而是一个动态体系。随着社会经济的发展和业务的延伸，会计制度、会计准则、税收法律法规等也在不断地更新或变更。

这些更新或变更，给从事财税管理工作的人员提出了更高的要求。本书立足疑难、聚焦实务、训战结合，内容紧密结合工作实际，对常见财税问题给出了解决思路和建议。阅读本书，可构建财税战略模型，从财务报表看企业价值的实现，解决内控落地问题等。

本书的特点

特点 1：注重实操。本书以大量企业实际案例、生活情境故事开展财税问题研讨，同时辅以操作性强的工具和表单，能够帮助相关工作人员有效提高工作效率。本书提供详细的管控流程、实战技法、案例解析，旨在为企业财税工作提供全面、准确的实务操作指南，提高内部财税工作者的业务操作水平。

特点 2：紧跟时代。本书紧密联系"营改增"、所得税改革、财务报表格式改革等新变化。本书多个详细的案例分析，采用了新的会计业务处理方法，充分反映了财税理论与实务改革发展的新成果。

特点3：注重实战。作者通过辅导民营企业提升财税管理水平的多年实战经验，与会计师团队研发了中小企业全套业务流程和各类财务管理表单。

阅读本书后将获得的能力

本书将使读者在遵守新会计准则和新税法的前提下，学会财税管理、内部管控、成本控制、税收筹划等技巧。

能力1：对新会计准则和新税法等新知识融会贯通的能力。

新会计准则和新税法是进行财税管理工作的重要依据。阅读本书，读者可以掌握新会计准则修订的内容，掌握财务分析、成本管理技巧，并做到融会贯通，举一反三。

能力2：提升税收筹划能力。新税法下，税收筹划、减免税政策运用等税务实操对纳税实务中具体业务的处理具有较强的指导意义。

能力3：提升税务实务能力。本书典型的具体案例分析，有助于再现纳税实务情景，使读者用实践来验证自己所学的知识掌握情况，学以致用解决工作中令人困扰的现实问题。

能力4：提升会计职业素养。理论与实践结合，两者相辅相成。用理论知识指导会计实务，通过实务操作加深对理论的理解，可以提升会计人员的综合能力和职业素养。

本书面向的读者

本书理论与实践结合，解析透彻，并以新会计准则和新税法为理论依据。阅读、学习本书，不同的读者会有不同的收获。

企业管理者：如果企业财税问题不解决，无论是创办企业还是运营企业，都有可能阻碍企业发展，甚至给企业带来财税风险，最后导致企业破产倒闭。掌握这些财税知识，可以为你的企业保驾护航。

税务人员：对一个企业来说，纳税是税务人员的本职工作，新税法是税务人员必须掌握的新知识。作为企业的税务人员，应该了解财税知识，为企业规避纳税风险，正确处理税务问题。

在本书的编写过程中，我们参考了相关资料以及相关专家的观点，并加以借鉴，在此谨向这些文献的作者致以诚挚的谢意。由于编者水平有限，书中难免存在疏漏之处，恳请大家批评指正。

编者

2022.3.1

目录
CONTENTS

第 1 章
企业财税战略：如何促进企业价值可持续增长

一个企业是否具有可持续增长能力，在很大程度上取决于企业战略，尤其是财税战略。企业价值的可持续增长是制定财税战略的指导思想，因此价值创造是财税战略的核心。

基于企业价值可持续增长的财税战略管理，实质就是提升价值创造能力并实现企业价值增值。那么，为了提升企业的价值创造能力，财税战略应如何决策才能使企业价值最大化目标变成现实？

1.1 财税战略选择对企业价值的影响

在众多经营管理能力的理论中，很少有人重视作为企业管理核心的财税管理能力。事实上，企业的财税是一个独立而综合的完整系统，它以货币的形式贯穿于企业所有的经营和管理活动，是整个企业管理的灵魂所在。正确采用财税战略，有利于提升财税核心竞争力。

1.1.1 财税战略指标如何选取

企业核心竞争力的财税范畴按企业理财本身的规律和核心竞争力的特征可分解为 3 个方面：财税营运能力、财税管理能力和财税应变能力，它们是企业理财能力的基本构成要素。当这 3 个方面的能力协调一致时，企业便能通过合理的资金运作,将财税管理体系中的财税预测、决策能力、财税计划、组织控制、分析能力整合为一体,形成企业财税核心竞争力。

当今我国经济迅猛发展,财税战略的适时调整可以提升企业和企业财税适应环境变化的能力。财税战略是财税核心竞争力的源泉,财税战略直接影响着企业财税核心竞争力。

选取资产负债率、债务融资率、资产长期负债率作为企业融资战略的评价指标,用股利增长率和股利支付率来评价企业的股利分配战略,选择资本投资增长率、流动投资比率和资产增长率评价企业的投资战略。应用以上指标分别对优质企业和劣质企业的财税战略进行综合评价。

资产负债率反映企业的资本结构,企业的融资主要由债权融资和股权融资构成;债务融资率、资产长期负债率指标反映出企业的融资结构和偿债能力。

资产负债率=年末企业负债总额÷年末企业资产总额×100%

债务融资率=(年末企业短期借款+年末企业长期借款+年末企业应付债券)÷年末企业资产总额×100%

资产长期负债率=年末企业长期负债合计÷年末企业资产总额×100%

股利增长率和股利支付率可以很好地代表企业的股利分配情况。

股利增长率=[(本年发放的现金股利+本年发放的股票股利)÷(上年发放的现金股利+上年发放的股票股利)−1]×100%

股利支付率=(本年发放的现金股利+本年发放的股票股利)÷净利润×100%

资本投资增长率、流动投资比率和资产增长率代表企业实施投资战略管理的情况。

资本投资增长率=[(年末长期投资合计+年末固定资产原值+年末无形资产)÷(年初长期投资合计+年初固定资产原值+年初无形资产)−1]×100%

流动投资比率=流动资产÷总资产×100%

资产增长率=(年末总资产÷年初总资产−1)×100%

1.1.2 企业价值评估方法选取

财税战略指标的选定,为企业价值评估提供了基础。企业价值评估,应该放在一个长期可持续的价值增长的财税战略层面上加以考虑,从而使价值评估成为企业实施财税战略的必要条件。

价值评估作为企业价值管理的基础，要想实现企业价值最大化及价值增值目标，就要对影响企业价值的因素进行深入分析。企业价值的评估指标包括财务指标和非财务指标，如图1-1所示。

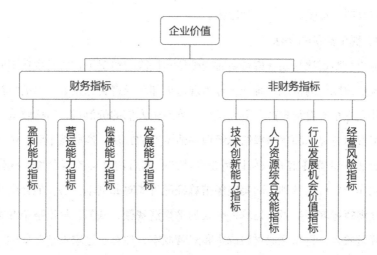

图1-1 企业价值的评估指标

企业价值评估的方法有资产价值评估法、现金流量贴现法、市场比较法等。

（1）资产价值评估法

资产价值评估法是利用企业现存的财务报表记录，对企业资产进行分项评估，然后加总的一种静态评估方法，主要有账面价值法和重置成本法，如表1-1所示。

表1-1 资产价值评估法

账面价值法	重置成本法
账面价值是指资产负债表中所有者权益的价值或净值，主要由投资者投入的资本和企业的经营利润构成 计算公式为：目标企业价值 = 目标企业的账面净资产 ×（1+ 调整系数）	重置成本是指并购企业重新构建一个与目标企业完全相同的企业需要花费的成本。当然，必须要考虑到现存企业的设备贬值情况 计算公式为：目标企业价值 = 企业资产市场全新的价格 – 有形折旧额 – 无形折旧额

账面价值法和重置成本法都以企业历史成本为依据评估企业价值，最重要的特点是采用将企业的各项资产分别估价，再相加综合的思路，实际操作简单易行。其最大的缺点在于将一个企业有机体割裂开来。企业不是土地、生产设备等各种

生产资料的简单累加，企业价值应该是企业整体素质的体现。

资产价值评估法将某项资产脱离整体单独进行评估，其成本价格将和它给整体带来的边际收益相差甚远。企业资产的账面价值与企业未来创造收益的能力相关性极小。因此，其评估结果实际上并不是严格意义上的企业价值，充其量只能作为价值参照，提供评估价值的底线。

（2）现金流量贴现法

现金流量贴现法是在考虑资金时间价值和风险的情况下，将发生在不同时点的现金流量按既定的折现率统一折算为现值再加总求得目标企业价值的方法。

用什么方法来看待资产，很大程度上体现出人们的价值观。同样收购一家餐馆，中国餐馆总经理和美国餐馆总经理评估资产的方法可能截然不同。中国餐馆总经理会首先计算餐馆面积和评判装修档次，然后清算桌椅板凳和锅碗瓢盆数量，以此作为定价的基础。而美国餐馆总经理可能对此毫不关心，他会坐在角落里静静地观察顾客的数量，估算每个人的平均消费额，从而计算出整个餐馆单位时间的经营收入；再扣除原材料成本和经营成本，估算出这家餐馆在单位时间内创造的利润；将这个预期利润折成净现值，乘以行业的平均市盈率，最后算出这家餐馆的资产价值。

中国餐馆总经理更看重资产的物质性，他们买的是真正意义上的资产，使用的方法是重置成本法；而美国餐馆总经理买的不是资产而是项目，是资产增值的期望值，其使用的方法是现金流量贴现法。

（3）市场比较法

市场比较法是基于类似资产应该具有类似价格的理论推断企业价值的评估方法，其理论依据是"替代原则"。市场比较法实质就是在市场上找出一个或几个与被评估企业近似的企业作为参考，在分析、比较两者之间重要指标的基础上，修正、调整企业的市场价值，最后确定被评估企业的价值。

在选择参照企业时，通常依靠两个标准：一是行业标准，二是财务标准。确定企业价值可比指标时，要遵循一个原则，即可比指标要与企业价值直接相关。

通常选用 3 个财务指标作为可比指标：EBITDA（未计利息、税项、折旧及摊销前的利润）、无负债现金流量和销售收入。其中，EBITDA 和无负债净现金流量是最主要的指标，因为它们直接反映企业盈利能力，与企业价值直接相关。

总之，企业价值评估是以一定的科学方法和经验水平为依据的，但本质上是一种主观性很强的判断。在实践中，应该针对不同对象选用不同方法进行评估，必要的时候可以同时采取多种方法评估。

1.1.3　企业价值与财税战略的相关性

财税战略是战略思想与财税活动的融合体，它为企业战略的实施提供配套支持，在一定意义上决定了企业资源的配置效率和效果，因此制定合理的财税战略对企业的发展有重要的意义。

财税战略的最高目标是实现企业价值最大化，也就是实现风险和报酬平衡时的企业自由现金流最大化。此目标是各项财税管理活动的切入点，用来证明企业价值的可持续增长与财税战略具有相关性。财税战略研究流程如图1-2所示。

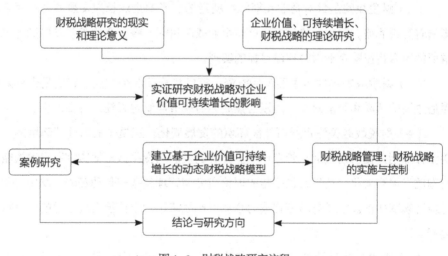

图1-2　财税战略研究流程

首先，财税与战略有着天然、深度的交互性。财税表现为资产负债表、利润表和现金流量表等财务报表以及一系列定量化的财税指标。经过审计的财务报表与财税指标的确反映了企业过去的经营业绩与财税状况，但是"管理价值始于战略，止于财税结果"，现在的成功与失败都取决于过去某一段时间采取的战略，所以企业"今天"的财务报表其实是"昨天"企业战略实施结果的"显示器"。

其次，财税管理聚焦企业价值目标。虽然人们对战略与企业价值之间的具体作用过程和作用机制还不是十分清楚，甚至对战略的具体概念都存在广泛的争议，但对战略与企业价值之间的因果关系已有基本共识。战略与财税资源的关系可以简洁明了地表达为"战略上光有资金不行，没有足够的（自有）资金更不行"。

当企业高速发展时，财税战略必须保证企业价值可持续增长，使其保持必要的战略理性。在企业运营过程中，财税战略必须能够预估出企业的长期风险，而且能够保持必要的财税弹性，以便随时对冲风险。

1.1.4 财税战略促进企业价值增长

财税战略之所以促进企业价值增长，主要是因为以下几个方面。

（1）财税战略是用战略的思想解决财税方面的问题而制定出的一系列决策。它同样包括战略制定时所必需的确定目标、分析环境、制定方案以及控制、评价等过程。财税战略的研究对象是资金运动以及在资金运动中所产生的财税关系。

（2）财税战略是针对企业长期状况制定的。影响企业长期发展能力的因素影响着财税战略，财税战略目标应该与企业战略目标一致，企业长期发展能力中重要的因素将影响企业财税战略目标的实现。

（3）财税战略的内容主要包括投资、筹资和分配3个方面。它们是企业财税最主要的活动和管理对象，所以自然成为财税战略制定关注的主要内容。

（4）财税战略关注企业内外部环境的发展变化。正是企业内外部环境的不确定性加剧才使得财税战略管理产生。环境的发展与变化深刻地影响着财税战略管理的发展和变化，所以财税战略的理论研究与管理实践应是动态的、发展的和适应环境变化的。注重环境变化成为企业财税战略区别于传统财税管理的一个重要标志。

（5）财税战略是针对企业经营有重大影响、发挥重大作用、有重要意义的财税活动制定的综合性战略。这说明不重要的、对企业经营仅有一般影响的活动不应该也不可能进入财税战略关注的范围。这些重大财税活动无外乎投资、筹资和分配等几个方面的活动。财税战略与企业其他战略相互依存，服从并支撑着企业总体战略。不过，财税上独特的思维理念与分析工具，使财税战略在不少方面都表现出异于企业其他战略的特性，而成为一个独立的战略范畴和领域。

第一，凸显"数据说话"。财税战略的研制、表述与实施结果都必须建立在对各类数据的分析基础之上。无论是财税维度还是非财税维度，无论"摆事实"还是"讲道理"，都必须有数据的支持。离开了数据，财税就"无话可说"。

第二，与经营战略具有互补性。例如，企业总风险主要由经营风险和财税风险构成，如果锁定企业总风险，那么以"固定成本"主导的经营风险与以"债务利息"主导的财税风险之间就必须形成此消彼长的互补关系，即激进的经营战略应配合稳健的财税战略，或激进的财税战略应配合稳健的经营战略。

（6）财税战略必须工具化和制度化。财税战略管理的任务就是将企业的战略目标、分析技术和管理程序结合在一起，寻求和挖掘价值驱动因素并使之工具化和制度化。

（7）财税战略处于企业战略的核心地位。财税战略与企业战略之间并不是单纯的前者无条件服从后者的关系。从表面上看，财税战略应隶属于企业战略，但其特殊性使得它不能等同于一般战略，它必须具有一定的独立性，在企业战略中处于核心地位，甚至可以说财税战略是企业战略的货币表现形式。从一定程度上说，企业的投资、筹资和分配活动几乎涵盖了企业的整个生产经营过程，而企业财税战略的谋划对象是企业的本金流动以及在本金流动时所产生的财税关系，且本金是企业生存发展最为重要的要素。

（8）企业战略的具体形式是多种多样的。然而，从财税的角度来看，我们主要关心的不是这些具体的企业战略形式，而是与这些企业战略形式相配合的财税战略具有什么样的基本特征。财税战略与企业战略密不可分，但财税战略又侧重于资金的筹措、使用及分配。

所以，财税战略类型应该主要从资金的筹措、使用及分配特征的角度进行划分。从这一角度划分，财税战略总体上可以分为 3 种类型，即快速扩张型财税战略、稳健发展型财税战略和防御收缩型财税战略，如表 1-2 所示。

表 1-2 财税战略的 3 种类型

战略类型	概念	实施方法	特征
快速扩张型财税战略	以实现企业资产规模的快速扩张为目的的一种财税战略	为了实施这种财税战略，企业往往需要在将大部分乃至全部利润留存的同时，大量进行外部筹资，更多地利用负债。大量筹措外部资金，是为了弥补内部积累相对于企业扩张需要的不足；更多地利用负债筹资而不是股权筹资，是因为负债筹资既能为企业带来财务杠杆效应，又能防止净资产收益率和每股收益的稀释。企业资产规模的快速扩张，往往会使企业的资产收益率在一个较长时期内表现为相对低的水平，因为收益的增长相对于资产的增长总是具有一定的滞后性	快速扩张型财税战略一般会表现出"高负债、低收益、少分配"的特征
稳健发展型财税战略	以实现企业财税绩效的稳定增长和资产规模的平稳扩张为目的的一种财税战略	实施稳健发展型财税战略的企业，一般将尽可能优化现有资源的配置和提高现有资源的使用效率及效益作为首要任务，将利润积累作为实现企业资产规模扩张的基本资金来源。为了防止过重的利息负担，这类企业对利用负债实现企业资产规模和经营规模的扩张往往持十分谨慎的态度	实施稳健发展型财税战略的企业一般表现出的特征是"低负债、高收益、中分配"。当然，随着企业逐步走向成熟，内部利润积累就会越来越成为不必要，那么，"中分配"的特征也会随之逐步消失
防御收缩型财税战略	以预防出现财务危机和求得生存及新的发展为目的的一种财税战略	实施该战略时，可以按照具体情况分为防御型、收缩型、剥离型和清算型财税战略。 实施防御型财税战略的企业，一般将尽可能减少现金流出和尽可能增加现金流入作为首要任务，通过采取削减分部和精简机构等措施，盘活存量资产，节约成本支出，集中一切可以集中的人力用于企业的主导业务，以增强企业主导业务的市场竞争力 实施收缩型财税战略的企业通过减少资产与成本而重组企业，以扭亏为盈 实施剥离型财税战略的企业通过出售企业的分部、分公司或任何一个部分，以使企业摆脱不获利却又占用大量资金的分部、分公司等所累的状况 实施清算型财税战略是指企业停止营业，将全部资产出售，以实现其有形资产价值	这类企业多在以往的发展过程中遭遇过挫折，也很可能曾经实施过快速扩张型财税战略

1.2 建立企业价值可持续增长的财税战略模型

财税战略是企业价值可持续增长的重要影响因素。所以，构建财税战略模型，按照企业发展所处的生命周期，结合宏观背景和行业特色，制定适合企业发展的动态财税战略是有现实意义的。

1.2.1 制定财税战略模型的目标

鉴于财税战略是影响企业价值可持续增长的重要因素，因此对追求价值可持续增长的企业来说，建立财税战略模型变得非常必要，而财税战略的目标也非价值创造和可持续增长莫属。

（1）价值创造

构建财税战略模型的目标是企业价值可持续增长。企业价值是指企业未来经营期间业务活动所带来现金流量的折现值。经营活动所带来的现金流量越多，企业所面临的风险越小，企业价值就越大；反之，经营活动所带来的现金流量越少，企业所面临的风险越大，企业价值就越小。

按照传统观念，人们总是将重点放在企业的增长上，无论是销售收入还是市场份额的增加，都会使管理层欢欣鼓舞，以为这样的增长会带来企业利润的增加或股票价值的上升，以为这就是财税目标。所以我们必须识别真正的价值创造，不能将之与利润增长或市场份额的增长简单混淆。

价值创造是建立在可持续增长的基础上的，也就是在企业资源合理配置的基础上的最大增长。在追求价值最大化的过程中，价值管理考虑了经营收益与风险的互动关系，体现了对投资报酬的深层次理解，将经营管理行为与企业长期财务目标联系起来。

企业价值管理的流程包括四个环节：企业现有价值评估、企业战略规划、企业战略实施和企业治理优化。通过四个环节的分析，企业可以发掘企业价值的真正内涵，实现企业价值最大化。企业价值管理的流程如图 1-3 所示。

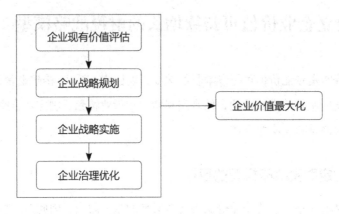

图1-3　企业价值管理的流程

　　财税战略是影响企业价值增值的关键因素，因此财税战略分析首先要从总目标出发，即企业合理配置资源，提升核心竞争力，源源不断创造价值，最终实现企业价值增值。要实现这个总目标就要分析价值创造的驱动因素，按照价值创造驱动因素的原则，将财税战略总目标分解为财税战略的具体目标，并根据企业所处阶段的不同特征逐一实现。

　　当然，任何企业均离不开其赖以生存和发展的社会环境及企业自身的条件。无论是企业外部环境还是内部环境，许多因素的变化对企业价值创造都有着直接或间接的影响。所以在进行财税战略决策前，一定要分析企业所处的环境背景。

（2）可持续增长

　　企业的财税战略也应该以企业可持续增长能力最大化作为目标。一个具有可持续增长能力的企业必定有较强的核心竞争力及环境适应能力。只有维持企业价值的可持续增长，企业的长远利益和近期利益才能达到协调统一，战略性目标与战术性目标才能结合起来。

　　我国的上市公司常常忽略企业可持续增长的管理问题。"将企业做强做大"是人们耳熟能详的企业家常喊的口号。企业单纯追求规模扩张，财税战略的制定偏向投资规模，忽视投资质量，多以外借债务资金来满足企业运营不断增加的资金需求，导致资金周转困难。实证数据表明，企业增长速度过快导致企业破产的数量和增长过慢导致企业破产的数量几乎一样多。快速的增长会使一个企业的资源变得相当紧张，我们认为财务上的资金限量通常限制了企业的可持续增长。所以新增销售所需的配套资金需要留存收益和外部筹资共同配合来提供。但较多依赖内部资金会使得企业的增长受到收益增长率的限制，而过分依赖外部资金，会削弱所有者对企业的控制权并且稀释每股收益。因此，除非管理层意识到这一结果并且采取积极的措施加以控制，否则，快速增长可能导致企业破产。

企业价值的增长也要保持一种可持续增长的状态。企业以可持续增长为战略目标，必然要求高效、低成本运营，尽可能以最低的成本提供高质量的商品和服务，从而使消费者从中受益。在可持续增长的财税战略基础上，最大限度地改进生产经营环境，不仅关系到企业的盈利能力和偿债能力，而且直接影响到企业的发展方向、规模和前景。可持续增长不仅对所有者具有重要意义，且与企业管理者、生产劳动者和知识创新者等所有利益相关者都有重大关系。可持续增长意味着最大限度地争取市场份额，实现企业偿债能力、营运能力、盈利能力和发展能力持续、快速、健康地提升，市场必将成为一个各方正和博弈的市场。

企业长期健康地发展和运转其实就是可持续增长。现代企业应以可持续增长作为企业财税管理的最高宗旨和战略目标。任何事物的发展都无法摆脱新陈代谢的自然规律，即产生、生存、摆脱束缚成功发展、起飞、成熟和消亡几个阶段。一个产品是这样，一个企业也是这样，从企业创建到退出市场的整个过程同样符合这一规律。

1.2.2 可持续增长的衡量标准

那么，企业可持续增长的衡量标准是什么呢？

企业现金流量的平衡，即企业战略投资增长（资金支出）与战略筹资增长（资金流入）之间的平衡。因为随着财税战略的实施，销售会增长，而销售的增长会带来资产的增长（投资的增长），而支持资产增长的筹资能力要提升，权益资本及负债也相应要增长。因此，销售增长率减去可持续增长率可以用来反映企业资源的耗费状况和衡量企业的资金充裕程度。

当销售增长率大于可持续增长率，说明该企业的销售业务带来的现金流量不足以支持业务增长所需的资金，现金流量处于不均衡状态，现金短缺。这种情况下，业务增长越快，现金短缺越严重。

可持续增长率

= （期末所有者权益 − 期初所有者权益）÷ 期初所有者权益 ×100%

= 所有者权益增长率

= 权益报酬率 × 留存收益率

= （净利润 × 留存收益率）÷ 期初所有者权益

1.2.3　制定财税战略的原则

企业财税战略的选择决定着企业财税资源配置的取向和模式，影响着企业理财活动的行为与效率。企业财税战略的选择必须着眼于企业未来长期稳定的发展、经济周期的波动情况、企业发展方向和企业增长方式等。在企业财税战略实施过程中，要根据具体情况的变化及时对企业财税战略进行调整，以动态保持企业的核心竞争力。企业在制定财税战略时，需要遵照以下几个原则。

（1）财税战略的制定要与宏观经济周期相适应

从财税观点看，宏观经济的周期性波动要求企业顺应经济周期的过程和阶段，通过制定和选择富有弹性的财税战略，减少经济周期波动对财税活动的影响，特别是减少经济周期中，抑制财税活动的负效应。财税战略的选择和实施要与经济运行周期相配合。

在经济复苏阶段应采取快速扩张型财税战略，如增加厂房设备、增加融资租赁、继续建立存货、提高产品价格、开展营销筹划、增加劳动力等。在繁荣后期，则采取稳健发展型财税战略。在经济衰退阶段应采取防御收缩型财税战略，如停止扩张、出售多余的厂房和设备、停产销售不佳的产品、停止长期采购、削减存货、减少雇员等。在经济萧条阶段，特别在经济处于低谷时期，应保持市场份额，减少管理费用，放弃次要的财税利益，削减存货，减少临时性雇员。

（2）企业财税战略制定必须与企业生命周期相适应

企业生命周期理论认为，企业发展具有一定的规律，大多数企业的发展可分为创业阶段、生存阶段、摆脱束缚成功发展阶段、起飞阶段和成熟阶段等。企业在每个发展阶段都有自己的阶段特色，正确把握本企业的发展阶段，制定与之相适应的财税战略非常重要。

在创业、生存、摆脱束缚成功发展阶段，企业的主要财税特征是资金短缺，尚未形成核心竞争力，财税管理的重点应是筹措资金，通过企业内部自我发展实现企业增长。

在成熟阶段，资金相对充裕，企业已拥有核心竞争力和相当的规模，可以考虑通过并购实现外部发展。

由此可见，企业在创业、生存、摆脱束缚成功发展阶段，应采取快速扩张型财税战略；在起飞阶段和成熟阶段，虽然向外扩张，但是企业自身资金较充足，一般采用稳健发展型财税战略。

企业财税战略的选择，决定着财税资源配置的取向和模式，影响着财税管理活动的行为与效率。企业财税战略是为适应总体的竞争战略而筹集必要的资本，并在组织内有效地管理与运用这些资本的策略，是整体战略的核心。企业财税战略全面支持着经营战略，是经营战略的执行与保障体系。

企业财税战略通过动态长期规划，不断扩大财税资源规模和延长期限，使资本结构更加合理，进而充分发挥财税资源的最大效益。如果能正确制定并有效实施跨国经营财税战略，它将会有效地增加企业价值。

（3）企业财税战略的制定必须与企业经营管理方式相适应

企业的根本目的在于创造尽可能多的财富，这种财富首先表现为企业价值。企业价值所反映的不仅是企业已经获得的利润水平，更是企业未来的、长期的、潜在的盈利能力。企业财税战略的制定必须与企业特定的经营管理方式相适应。企业从客观上要求实现从粗放增长向集约增长的根本转变，为适应这种转变，企业财税战略需要从两方面进行调整。

一方面，调整企业财税投资战略，加大对基础项目的投资力度。真正的长期增长要求企业提升资源配置能力和提高资源配置效率，而资源配置能力的提升和资源配置效率的提高取决于基础项目的发展。虽然基础项目在短期内难以带来较大的财税利益，但它为长期经济的发展提供了重要基础。所以，企业在财税投资的规模和方向上，要实现基础项目相对于经济增长的超前发展。

另一方面，加大财税制度创新力度。企业可以强化集约经营与技术创新的行为取向；可以通过明晰产权，从企业内部抑制掠夺性经营的冲动；可以通过以效益最大化和本金扩大化为目标的财税资源配置，限制高投入、低产出项目对资源的耗用，使企业经营集约化、高效率得以实现。

（4）制定富有弹性的财税战略

作为企业战略的制定者，必须将弹性财税纳入企业的整体战略。由于市场多变、企业财税管理环境复杂、企业缺乏充分的控制能力，企业制定富有弹性的财税战略，能够弥补企业财税管理人员对企业未来发展的不可预见性。财税预测、财税决策、财税计划都是企业对未来的一种大体规划，不会完全准确，因此富有弹性的财税战略可以抵御大起大落的经济震荡，尽量减少由外部环境变动引起的财税决策方面可能会出现的失误，使企业在各项管理中游刃有余。

1.2.4　企业价值可持续增长的财税战略模型的建立

企业生命周期理论，是指企业的发展与成长的动态轨迹。主要包括以下五个阶段：创业阶段、生存阶段、摆脱束缚成功发展阶段、起飞阶段和成熟阶段。经过五个阶段后，企业通常会面临消亡、稳定以及转向三种结局。

企业成长阶段与影响因素如图1-4所示。

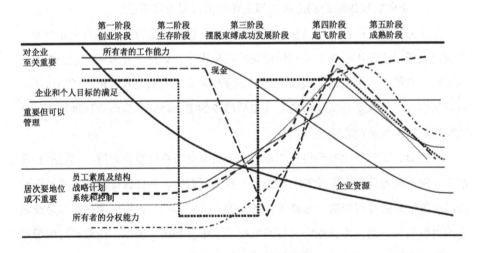

图1-4　企业成长阶段与影响因素

企业在不同的成长阶段，其产品的竞争力、企业的利润率以及现金流量都有着巨大的差别，因此财税战略的侧重点也是不同的。企业成长阶段的财税战略特征如表1-3所示。

表 1-3　企业成长阶段的财税战略特征

财税战略特征	创业阶段	生存阶段	摆脱束缚成功发展阶段	起飞阶段	成熟阶段
总体财税战略	快速扩张型	快速扩张型	快速扩张型	稳健发展型	稳健发展型
经营风险	高	高	稳定	稳定	摇摆
财税风险	高	高	稳定	稳定	摇摆
融资主要渠道	债权资本	债权资本	股权资本	债权与股权资本	债权资本
投资收益	高增长	高增长	高增长	高增长	稳健
股利分配方式	零分配	零分配或低分配	低分配	低分配	高分配
现金流量	负现金流	负现金流	正现金流	正现金流	大量正现金流

　　从企业各成长阶段的财税战略特征可见，不同成长阶段，其经营状况和发展状况对企业财税战略也有着不同的重要影响。不同的成长阶段，企业有着不同的财税战略予以支撑。了解自身的成长阶段以及未来的走势，对企业确立相应的财税战略具有重要的影响。

1.3　如何构建动态财税战略模式

　　建立财税战略模型之后，企业应实施相应的财税战略管理，以保证动态财税战略的实施效果。

1.3.1　动态财税战略管理的过程

　　动态的企业财税战略管理过程大体分为财税战略规划、财税战略实施、财税战略控制、财税战略修正以及财税战略执行五个阶段，每一个阶段又各自包含若干个不同的步骤。

（1）财税战略规划

制定财税战略规划，目的在于确定适合企业未来发展的财税战略。财税战略规划是指为谋求企业资金均衡、有效地流动和实现企业整体战略目标，以及为增强企业财税竞争优势，在分析企业内外环境因素对资金流动的影响的基础上，对企业资金流动进行的全局性、长期性与创造性的谋划，并确保其执行的过程。

制定财税战略规划最重要的是设置财税战略目标，这里的财税战略就是建立在企业价值可持续增长目标下实施的。另外，制定财税战略规划还包括制定企业财税战略，企业财税战略是为实现财税战略目标而服务的，是从企业发展全局出发做出的长期性的财税谋划和财税活动纲领。企业财税战略必须面对不断变化的财税环境，制定相适应的动态策略，以保证有效分配资源，促使企业价值可持续增长。

（2）财税战略实施

财税战略实施是财税战略管理的关键，依赖于企业的组织结构、运行机制等全面、系统的融合。

企业必须建立系统的战略评价体系来检验财税战略实施的效果，并指导和促进财税战略的实施。财税战略管理是为实现企业战略目标和提升企业竞争优势，运用财税战略管理的分析工具，确认企业的竞争地位，对财税战略的决策与选择、实施与控制、计量与评价等活动进行全局性、长期性和创造性的谋划的过程。优秀的财税战略能够促使企业处于价值上升的趋势中，即企业每完成一次循环，产生的资源能够增强企业的核心竞争力。

因此，财税战略实施的关键就在于：基本经济原则和现金流量的关系；新生现金流量与现金内部使用的关系；收益性、现金流量和价值创造的关系，以及和市场价值的关系。财税战略实施以价值创造为主线。

（3）财税战略控制

财税战略控制是指企业将反馈回来的财税战略实施成效与预定的财税战略目标进行比较，检测二者的偏离程度，并对不利的偏差，采取有效措施进行纠正，以便实现财税战略目标的过程。财税战略控制具有以下特点：财税战略控制是面向整个企业的；财税战略控制的标准是企业的总体财税目标，而不是财税战略规划本身的目标；因为财税战略规划必须服从企业总体财税目标，所以它本身就需要控制；财税战略控制既要保持财税战略规划的稳定性，又要注意财税战略的灵活性。

（4）财税战略修正

财税战略修正是在财税战略执行过程中产生的实际结果与预定目标有明显差距时，对财税战略方案进行修改的过程。如果财税战略执行成效与预期财税战略目标无明显差异，则不需要对财税战略进行修正。造成财税战略需要修正的具体因素很多，既有客观因素，又有主观因素。财税战略修正是更好地实现企业财税战略目标的一个重要程序。财税战略作为一套总体设想，是一种主观对客观的预测，随着主客观条件的不断变化，主客观就会出现偏差，就需要及时修正。

（5）财税战略执行

目前，我国很多企业管理层意识到战略的重要性，并能够重视财税战略，但他们完成确定工作后就认为完成了大部分工作，没有人认为执行有什么问题，没有人对财税战略的具体实施给予足够的关注。执行力缺失成为财税战略没有实现预期目标的主要原因。

财税战略缺乏执行力的原因是多方面的，概括起来主要有两大类：一类是企业财税战略制定与执行过程本身存在问题，从而导致财税战略缺乏执行力；另一类是企业内部因素和外部因素与财税战略不匹配，从而造成财税战略缺乏执行力。下面将针对这两大类原因进行具体分析。

财税战略制定与执行过程本身存在问题是财税战略缺乏执行力的根本原因。所以，为了保证财税战略的执行力，首先，企业各级员工必须形成对财税战略的共识。企业各级员工对财税战略的共识对财税战略的成功执行有重要影响，共识程度越高，战略执行的效果就越好。其次，财税战略目标必须分解，落实到人，否则再好的战略只是口号而已。财税战略因为缺乏执行力，长期达不到目标，会使员工对财税战略目标产生怀疑，不利于财税战略目标的执行。

此外，财税战略必须与执行环境相匹配。财税战略与执行环境不匹配是财税战略缺乏执行力的重要原因。财税战略对一个企业来说不应该是固定的，而应该是随碰上企业成长阶段的变化动态变化的。

财税战略应随着宏观经济的发展与时俱进。企业会在其成长轨道上从成长走向成熟，继而走向衰退，最终撤出市场。因此，为了保障财税战略的执行力，必须制定出能够适应企业不同成长阶段和不同环境的动态财税战略。

1.3.2 动态集成化财税战略模式的建立

动态集成化财税战略模式由一系列的财务管理模块构成，基于企业的生命周期理论，在不同生命周期利用现代网络技术和信息集成方法，将财务、业务与供应链集成起来，追求整体效率和效益提高的战略措施。

基于企业的生命周期理论，动态集成化财税战略模式具体包括风险管理、全面预算管理、成本控制、投资决策、薪酬制度、资金结算、现金流管理、企业价值管理等。这些模式的具体措施可以使得企业缩短生产前置时间、提高产品与服务质量、提升企业的整体柔性、减少库存等，也可以使企业具有低物耗、高效益、强应变能力，实现物流、资金流和信息流的高度统一以及财务的实时管理，以适应生产柔性化、组织扁平化和产品与服务个性化的市场需求。

建立动态集成化财税战略模式将大大提升财税管理在企业成长和发展过程中的战略地位，优化财税管理战略的应用，为企业核心竞争力的增强提供科学的财税理论支撑，这对企业健康、可持续发展具有重要意义。

案例 某造纸企业财税战略分析

某造纸企业为一家优质企业，其价值创造能力与财税战略相关性显著。正确的投资、筹资和分配战略可以促使企业价值可持续增长。正确的财税战略能够缓解企业资源紧张状态，在合理资金成本的基础上增强企业的可持续增长能力。

该企业一直处于高速成长期，作为行业龙头，投入资本回报能够维持稳定增长，但销售增长更快，自有资金不能满足增长需求，使得企业资源比较紧张。该企业意识到这一问题后，不断控制销售的增长，以维持企业的可持续增长。该企业的财税战略一直围绕着如何解决资源紧张问题、如何降低资金成本。

融资战略不断改善。该企业的WACC（加权平均资本成本：以各类资本占总资本的比重为权重加权平均计算出的资本总成本）偏高了一些，从资产负债率上看，在负债比率可以再提高一些的情况下，该企业的决策是不断举债，利用一切可以利用的债务融资手段，并用低利率贷款取代高利率贷款，有效地降低资金成本。

该企业的融资战略为优质企业树立了典范。其资源比较紧张，WACC也比较高。常规财税战略会认为处于这一时期的企业不应发放红利，尽量维持现金的流入，但该企业坚持派发红利，其目的是不断降低权益部分的比例，这样既可以回馈所有者，又可以起到降低企业整体 WACC 的作用。

对高速成长的企业来说，即使现金短缺，只要净资产收益率比较高，就可以通过发放红利来降低整体的 WACC，以增加企业价值。

随着知识经济时代的到来，作为企业内部财税管理的负责人，明确了企业财税战略，确定了财税目标后，该如何落实呢？这就需要从实务管理抓起，不仅要抓好会计基础工作，更要在纷繁复杂的市场环境中设计出一套适合本企业的财务会计制度，根据企业不同的发展阶段，采取有不同侧重点的财务管理方法，及时恰当地解决生产经营过程中出现的各种财务问题，充分发挥财务的功能，最大限度地满足资金的保值增值需要。

2.1　各项业务会计处理方法

会计处理是指企业采用合适的处理方法，对企业所发生的经济业务进行核算。会计处理方法前后应当保持一致，不得随意变更；确有必要变更的，应当按照国家统一的会计制度的规定变更。会计处理方法包括设置会计科目和账户、复式记账、填制和审核会计凭证、登记账簿、成本计算、财产清查和编制财务会计报告等专门方法。

那么，对于企业的各项业务，如何进行会计处理呢？

2.1.1　一般日常业务会计处理

企业一般日常业务包括哪些？如何进行会计处理？

（1）提现与存现

为加强对社会经济活动的监督，开户单位之间的经济往来，除属于《现金管理暂行条例》规定可以使用现金的范围外，还应当通过开户银行进行转账结算。

企业可以使用现金的情况：支付给个人的一些款项，如工资、劳务费、各种奖金等；零星支出 1 000 元以下的；中国人民银行规定的其他情况。

（2）备用金管理

备用金是企业财会部门为了满足日常零星开支（如差旅费、零星采购等）的需要，预付给企业内部各单位或职工个人备用的款项。

备用金的管理可采用非定额（一次性）管理和定额管理两种方式。非定额管理，是根据临时需要一次付给现金，使用后持有关原始凭证报销，报销时进行清算，多退少补的备用金管理方式；定额管理，是财会部门对经常使用备用金的部门核定定额，按定额拨付备用金，月底报销时补足现金，不清算，只需要永远保留此定额的备用金管理方式。

拨付时，两种管理方式下的会计处理基本相同。借方一级科目均为"其他应收款"，只是明细上一般稍有差别；贷方科目均为"库存现金"。

①非定额管理，借记"其他应收款——××"科目。

②定额管理，借记"其他应收款——备用金（××）"科目。

（3）费用扣除

在会计上，只要是和本企业相关的费用，经领导批准后都应入账；在税法上，即使是已经入账的费用也不一定允许税前扣除（一般指企业所得税），故在汇算清缴时需做纳税调整。

例如，一般企业发生的广告费支出，不超过当年销售（营业）收入15%的部分准予扣除，超过部分准予结转以后纳税年度扣除。

期末费用结转到"本年利润"。借记"本年利益"科目，贷记"期间费用"科目。

（4）摊销费用

经营租入的固定资产，承租方既不拥有所有权，也做不到实质上的控制，故不能作为承租方的固定资产核算。但为了有利于生产经营，承租方可能会在使用期间对其进行改良，发生的改良支出要记入"管理费用——其他"科目。

做改良的经营租入固定资产，一般租赁期较长、金额较大，支付改良支出时应该先通过"长期待摊费用——经营租入固定资产改良支出"科目核算，每月月末再摊销记入"管理费用"科目。

（5）利息收入处理

每个企业都必须有且只能有一个基本银行账户，且余额不能为零，所以每个企业都会有利息收入。利息收入的会计处理，借记"银行存款"科目，贷记"财务费用"科目。

（6）租金收入处理

工业企业的租金收入记入"其他业务收入"科目。

2.1.2　筹资与投资业务会计处理

筹资主要由借款和所有者投入资本组成。投资活动包括对外投资和对内投资两种形式。对外投资包括购买股票、债券、向外单位投入资产等。对内投资包括购建固定资产、购买或研发无形资产等。

（1）筹资所涉及的主要业务活动

筹资所涉及的主要业务活动包括：审批授权；签订合同或协议；取得资金；计算利息或股利；偿还本息或发放股利。

接受投资具体业务如下。

①应在通过股东会决议、事务所验资后到工商部门办理有关工商变更手续。

②会计核对有关发票、银行凭单与验资报告后入账。

（2）投资所涉及的主要业务活动

投资所涉及的主要业务活动包括：审批授权；取得证券或其他投资；取得投资收益；转让证券或收回其他投资。

对外投资具体业务如下。

①对外投资预算的编制。

②企业对外投资必须经过申请并进行可行性研究和论证。

③对外投资立项审批。一般情况下，小额、零星、临时性投资可由董事会授权高层管理人员审批；长期、重大投资项目及其决策，必须经过董事会集体决策、审批，并实行联签制度。

（3）投资、筹资业务账务处理

①企业接受投资的账务处理。

企业接受投资者投入的资本，借记"银行存款""固定资产""无形资产""长期股权投资"等科目，按其在注册资本或股本中所占份额，贷记"实收资本（或股本）"科目，按其差额，贷记"资本公积——资本溢价（或股本溢价）"科目。

②短期借款的账务处理。

企业借入的各种短期借款，借记"银行存款"科目，贷记"短期借款"科目；归还借款时做相反的会计分录。资产负债表日，应按计算确定的短期借款利息费用，借记"财务费用"科目，贷记"银行存款""应付利息"等科目。

③长期借款的账务处理。

企业借入长期借款，应按实际收到的金额借记"银行存款"科目，按借款本金贷记"长期借款——本金"科目，如存在差额，还应借记"长期借款——利息调整"科目。

资产负债表日，应按确定的长期借款利息费用，借记"在建工程""制造费用""财务费用""研发支出"等科目，按确定的应付未付利息，贷记"应付利息"科目，按其差额，贷记"长期借款——利息调整"等科目。

2.1.3　采购业务会计处理

采购是指企业在一定的条件下从供应市场获取产品或服务作为企业资源，以保证企业生产及经营活动正常开展的一项企业经营活动。采购业务中，企业一般需要根据物料需求时间计划，以采购订单的形式向供应方发出需求信息，并安排和跟踪整个物流过程，确保物料按时到达企业，以维持企业的正常运营。

采购的实务流程如下。

（1）请购

①填写采购业务请购单，如表 2-1 所示。

表 2-1　采购业务请购单

项目	品名	数量	单位价格	总金额
1				
2				

项目	品名	数量	单位价格	总金额
3				
4				
5				
总金额		RMB：		

项目	供应商名称及联系电话		报价
1			
2			
3			
4			
到货时间及付款条件			
备注			
审批（所有申请）（部门经理）	审批（人民币5 000元以下）（总监）		
审核（所有申请）（财务经理）	审批（人民币5 000元以上）（总经理）		
最终审批（人民币15万元以上）（总裁/首席执行官）			
总监	总裁		人力资源部

②采购主管、经理、总经理审批。

（2）采购

任何企业要运作，必须拥有一定的资源，而绝大多数资源都需要有偿取得，有偿取得即为采购。企业采购货物，一般有制订计划、寻找供应商并询价、确定供应商及谈妥价款、购货和付款、收货入库等流程，其中付款、入库等业务的需要进行会计处理。

企业采购的内容，一般有实物、无形资产和劳务等类别。实物有动产、非动产；无形资产有土地、专利权、商标权、专有技术等；劳务则有技术服务、建筑装饰等。一般情况下，采购业务专指采购原材料和商品。

（3）交货、整理付款

交货的过程包括：验货；传递凭证；会计部门于结账前办妥付款手续，登记入账。

结算方式主要有现金结算和转账结算两类。

现金结算：现金、现金支票。

转账结算：支票、商业汇票、银行本票、银行汇票、汇兑（信汇和电汇）、委托收款、托收承付。

和转账结算相比，现金结算具有以下特点：直接和便利；不安全；不易宏观控制和管理；费用较高。

（4）采购业务会计处理

①采购付款。

建立业务信用之前，先付款、后发货是企业往来的基本条件。采购付款会计处理如下。

借：预付账款

　　贷：银行存款

其中，预付账款应按往来单位设置明细科目。（如按供应商设置辅助核算，则在会计科目检索时不太方便。）

②采购物资在途、到达入库。

供应商发货，货票同行，企业收货入库并验证进项发票后，做以下会计处理。

借：原材料 / 库存商品

　　应交税费——应交增值税（进项税额）

　　贷：预付账款

如票到、货未到，则需将上述"原材料"或"库存商品"科目替换为"材料采购"科目，待收货入库后再从"材料采购"科目转入"原材料"或"库存商品"科目。

③运输费用产生。

很多人将运输称作物流，其实物流是一个宽泛的概念，它包含运输、装卸、仓储、批发、零售等环节。在企业采购中，运输（含长途、短途）、装卸和仓储是必要环节，会产生运输费用。运输费用在由采购企业负担的情况下，会计处理如下。

借：原材料 / 库存商品

　　应交税费——应交增值税（进项税额）

　　贷：银行存款 / 预付账款等

④物资短缺及退货。

如果收到的货物与合同约定的不符，企业需与供应商协商补发货、退货、换货等。补发货的会计处理和正常收货的会计处理相同。商品因质量问题发生换货的，会计处理如下。

换货商品出库、发回给供应商时，会计处理如下。

借：原材料/库存商品（红字）

　　贷：预付账款（红字）

收到供应商重新发来的货物时，会计处理如下。

借：原材料/库存商品

　　贷：预付账款

因质量或其他问题退货，会计处理如下。

借：银行存款

　　贷：原材料/库存商品

　　　　应交税费——应交增值税（进项税额转出）

2.1.4　生产和成本核算业务会计处理

现代大中型生产企业一般都采用自动化管理，运用 ERP（企业资源计划）进行成本核算，如库房的领料、人力资源部门的考勤、车间的产量及废品率等；运用财务软件进行账务处理，输入记账凭证、审核、记账、结账及出报表。

在车间专设成本核算员，负责输入、收集及整理与生产产品有关的数据；在财务上专设成本会计，根据 ERP 系统调出打印的单据、成本核算员及人力资源部门提供的各种成本汇总表，输入记账凭证，进行账务处理。

小型的生产企业目前一般还是采用手工处理方式，岗位设置不是非常明确、细致，可能会在车间的生产工人中指定一个人，负责收集领料单、工时产量记录单等与产品成本有关的单据，待月中或月底送给会计，再由会计编制汇总表以及记账凭证进行账务处理。

在进行成本核算时，应区分应计入产品成本的成本费用和不应计入产品成本的成本费用，即对企业的各项支出、费用进行严格的审核和控制，并按照国家统一会计制度来确定计入产品成本的直接材料、直接人工和制造费用（产品成本的构成项目）。

直接材料，是指为生产产品而耗用的原材料、辅助材料、备品备件、外购半成品、燃料、动力、包装物、低值易耗品以及其他直接材料。其中燃料、动力等占用比重大时，也可单独设置项目。另外，如有自制半成品，一般也要单独设置项目。

生产领用原材料时开具的领料单，核算科目该怎么填？

领料单是由领用材料的部门或者人员（简称"领料人"）根据所需领用材料的数量填写的单据。其内容有领用日期、材料名称、单位、数量、金额等。为明确材料领用的责任，领料单除了要有领用人的签名外，还需要有主管人员的签名、保管人的签名等。

在领料单中填写核算科目；在金蝶财务软件的基础资料—核算项目—部门中找到领料单中的部门，填上核算科目。领料单在会计账簿里面的核算科目，一般对应"生产成本""制造费用""管理费用""销售费用"等一级会计科目。

根据领料单，将材料分类汇总后，如果是生产产品使用的，做以下会计处理。

借：生产成本——基本生产成本

　　贷：原材料——×××

如果是耗用的间接材料，做以下会计处理。

借：制造费用

　　贷：原材料——×××

直接人工，是指企业直接从事产品生产人员的工资、奖金、津贴和补贴等费用。

制造费用，是指企业各生产车间为组织和管理生产所发生的各项间接费用，包括各生产单位管理人员（如车间主任等）工资和福利费、折旧费、机物料消耗、办公费、水电费、保险费等。

下面通过一个案例，来看看现代大中型生产企业成本核算的一般程序及账务处理。

如电子产品生产企业，电子产品生产——完全自动化，一条生产线上开始并完工大批量、单品种的产品。

（1）料

生产产品领用各种材料如图 2-1 所示。

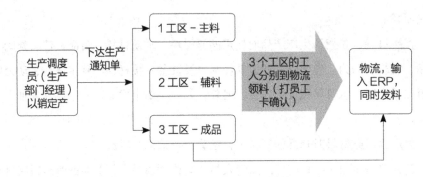

图2-1　生产产品领用各种材料

生产产品领用各种材料的数量、金额，及完工产品的数量、金额从 ERP 上都能调出。另外，由于每条生产线只生产一种产品，故不存在产品间的分配；而且出成品的时间很短，故也不存在产品的问题，所有与生产相关的花费均计入完工产品总成本，完工产品总成本除以数量即得单位成本。

（2）工

生产产品耗费的人工费用如图 2-2 所示。

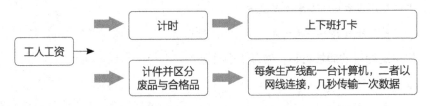

图2-2　生产产品耗费的人工费用

财务人员根据人事部门提供的出勤记录（打卡记录整理）、成本核算员整理的奖金统计表（合格品数量及废品率整理）编制工资表。此表包括费用总额和费用去向两部分内容，各自又分以下情况。

①费用总额，包括：应付给员工的工资（税前工资），含个人负担的社会保险费、住房公积金和个人所得税等；企业负担的社会保险费、住房公积金。

②费用去向，包括以下两个方面。

计入产品成本的工资：直接工人的工资，直接计入产品的生产成本；分管几个产品的生产经理、主管等管理人员的工资，按产量、工时等一定标准分摊计入各个产品的成本。

计入期间费用的工资：按部门，行政管理人员的工资计入管理费用，专设销售人员的工资计入销售费用。

（3）费

由于每个车间的几条生产线生产的都是一种产品，所以各车间的水电费、折旧费等费用也不用分摊，可直接计入产品成本。

2.1.5 销售业务会计处理

企业销售商品收入的确认，必须同时符合以下条件：企业已将商品所有权上的主要风险和报酬转移给购货方；企业既没有保留通常与商品所有权相联系的继续管理权，也没有对已售出的商品实施控制；收入的金额能够可靠地计量；相关的经济利益很可能流入企业；相关的已发生或将发生的成本能够可靠地计量。

例如，常见的商场销售，主要直接面对众多消费者，一般不用签订合同或协议。商场销售的流程如图 2-3 所示。

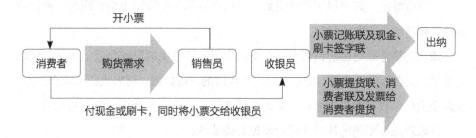

图 2-3　商场销售的流程

注意：销售员和收银员或出纳中间是断开的，不直接接触。严格的内控中，销售员不直接收钱。其他销售方式可能收到的是票据，如支票、银行汇票、银行承兑汇票，待提示付款时需要出纳同时填进账单办理转账；另外对方可能以电汇方式直接汇款到开户行。

在进行销售业务账务处理之前，先要设置好账户。

（1）账户设置

企业通常设置以下账户对销售业务进行会计核算。

①"主营业务收入"账户。

"主营业务收入"账户属于损益类账户，用以核算企业确认的销售商品、提供劳务等主营业务的收入。

该账户贷方登记企业实现的主营业务收入，即主营业务收入的增加额；借方登记期末转入"本年利润"账户的主营业务收入（按净额结转），以及发生销售退回和销售折让时，应冲减的本期主营业务收入。期末结转后，该账户无余额。

该账户应按照主营业务的种类设置明细账户，进行明细分类核算。

② "其他业务收入"账户。

"其他业务收入"账户属于损益类账户，用以核算企业确认的除主营业务活动以外的经营活动实现的收入，包括出租固定资产、出租无形资产、出租包装物和商品、销售材料等取得的收入。

该账户贷方登记企业实现的其他业务收入，即其他业务收入的增加额；借方登记期末转入"本年利润"账户的其他业务收入。期末结转后，该账户无余额。

该账户可按其他业务的种类设置明细账户，进行明细分类核算。

③ "应收账款"账户。

"应收账款"账户属于资产类账户，用以核算企业因发生销售商品、提供劳务等经营活动应收取的款项。

该账户借方登记由于销售商品以及提供劳务等发生的应收账款，包括应收取的价款、税款和代垫款等；贷方登记已经收回的应收账款。期末余额通常在借方，反映企业尚未收回的应收账款；期末余额如果在贷方，反映企业预收的账款。

该账户应按不同的债务人进行明细分类核算。

④ "主营业务成本"账户。

"主营业务成本"账户属于损益类账户，用以核算企业确认销售商品、提供劳务等主营业务的收入时应结转的成本。

该账户借方登记主营业务发生的实际成本，贷方登记期末转入"本年利润"账户的主营业务成本。期末结转后，该账户无余额。

该账户可按主营业务的种类设置明细账户，进行明细分类核算。

⑤ "其他业务成本"账户。

"其他业务成本"账户属于损益类账户，用以核算企业确认的除主营业务活动以外的经营活动所发生的支出，包括销售材料的成本、出租固定资产的折旧额、出租无形资产的摊销额、出租包装物的成本或摊销额等。

该账户借方登记其他业务的支出额，贷方登记期末转入"本年利润"账户的其他业务支出额。期末结转后，该账户无余额。

该账户可按其他业务的种类设置明细账户，进行明细分类核算。

⑥ "税金及附加"账户。

"税金及附加"账户属于损益类账户，用以核算企业经营活动发生的消费税、城市维护建设税、资源税和教育费附加等相关税费。

该账户借方登记企业应按规定计算确定的与经营活动相关的税费，贷方登记期末转入"本年利润"账户的与经营活动相关的税费。期末结转后，该账户无余额。

（2）一般销售商品业务的处理

确认收入时，做以下会计处理。

借：银行存款

　　应收账款（应收的合同或协议价款 + 应收取的增值税税额）

　　应收票据

　　预收账款

　　贷：主营业务收入

　　　　应交税费——应交增值税（销项税额）

确认收入同时需结转成本，但一般在月底集中处理（结转成本）。

借：主营业务成本

　　贷：库存商品

（3）商业折扣、现金折扣、销售折让的处理

①商业折扣。

商业折扣，是企业为了促销而在标价上给予的价格扣除。企业销售商品涉及商业折扣的，应当按照扣除商业折扣后的金额（即净额）确定收入。

②现金折扣。

现金折扣，是企业为了鼓励购货方尽快付款而提供的债务扣除。一般现金折扣的表示方法为：2/10，1/20，n/30（10 天内付款给予 2% 的折扣，20 天内付款给予 1% 的折扣，20 天以后付款没有现金折扣，最迟的付款期限为 30 天）。

注意区分两个折扣的算法，商业折扣，如打 4 折，是只付 40% 的款项；现金折扣，2/10 是指 10 天内付款会扣除 2% 的款项，需要支付 98% 的款项。

我国采用总价法处理现金折扣。销售商品涉及现金折扣的，应当按照扣除现金折扣前的金额确定商品销售收入金额。现金折扣在实际发生时记入当期损益（财务费用）。

折扣额是否含税要看交易双方，应在合同中明确。而企业最终应交的增值税是根据税法规定计算的，不受双方交易的影响。

③销售折让。

销售折让，是企业因售出商品的质量不合格等在售价上给予的减让。

一般情况下，已确认收入的售出商品发生销售折让的，应当在发生时冲减当期商品销售收入；已确认收入的售出商品发生销售折让属于资产负债表日后事项的，应按照有关资产负债表日后事项的相关规定处理。

（4）销售退回的账务处理

销售退回，是指企业售出的商品由于质量、品种不符合要求等而发生的退货。

未确认收入的售出商品发生销售退回的，应借记"库存商品"科目，贷记"发出商品"科目；一般情况下已确认收入的售出商品发生销售退回的，应在发生时冲减当期商品销售收入，同时冲减当期销售成本，已发生现金折扣的应同时调整相关财务费用；已确认收入的售出商品发生销售退回属于资产负债表日后事项的，应按照资产负债表日后事项的相关规定进行会计处理。

（5）特殊销售商品业务的处理

①代销商品。

首先，代销商品，包括视同买断方式（可以自定价格）和收取手续费方式（不可以自定价格）。

视同买断方式代销进一步分为两种情况。

第一种，如甲公司在委托乙公司销售商品时签订的合约为：乙公司无论将来销售如何，都不得将商品退回给甲公司。这种情况下，委托方甲公司把商品发给受托方乙公司后，该批商品所包含的风险和报酬就随之转移了，甲公司在商品发出时就应该确认收入和结转成本。

第二种，如甲公司在委托乙公司销售产品时签订的合约为：乙公司将来可以将未销售完的商品退回给甲公司，但是商品在当地卖什么价格，以何种条件销售，都由乙公司决定。这种情况下，委托方甲公司是不能在发出商品时确认收入和结转成本的，只能在将来收到乙公司开具的代销清单时才能确认收入和结转成本。

在收取手续费方式下代销，手续费收入是受托方的收入。委托方应在收到受托方开出的代销清单时确认商品销售收入。因为在收取手续费方式下，受托方未销售完商品可以退回给委托方，因此发出商品的风险和报酬都是由委托方承担和享有的。所以委托方应在收到受托方开出的代销清单时才确认商品销售收入。受托方应在销售商品后，按合同或协议约定的方法计算确定手续费收入。

②预收货款销售商品。

预收货款销售商品，是指购买方在商品尚未收到前按合同或协议约定分期付款，销售方在收到最后一笔款项时才交货的销售方式。

企业应在发出商品时确认收入，预收的货款应确认为负债。

③具有融资性质的分期收款销售商品。

企业分期收款销售商品（通常为超过 3 年），实质上是具有融资性质的，应当按照应收款的合同或协议价款的公允价值确定收入金额。

④附有销售退回条件的商品销售。

附有销售退回条件的商品销售，是指购买方依照有关协议有权退货的销售方式。

有权退货是指销售方开始销售的时候，给予购买方一个承诺，即在一定的时间内购买方可以退货。与前面的销售退回的性质不同，此处并不是真正的退回，而是预计的销售退回。实质上可以理解为这项业务有试用期，试用期内对商品不满意，可以退回。

如果能够合理估计退货的可能性并确认与退货相关负债的（一般是指老产品，即已经有相关的历史经验和记录），通常在发出商品时确认收入。

如果企业不能合理地确定退货的可能性（一般是指新开发的产品），通常在售出商品的退货期满时确认收入。

⑤售后回购。

售后回购中，由于销售方可以通过一纸回购合同对已销售商品继续实施控制，不满足确认收入的全部条件。所以售后回购形式上属于销售，实质上属于融资行为，相当于销售方向购买方（客户）借款，回购的时间就是借款的期限，回购价和购买价款之间的差额一般认为是借款的利息，销售的商品只是起到抵押的作用。通常情况下，开始收到的款项应确认为负债（其他应付款）。

⑥售后租回。

售后租回，是指销售方销售商品的同时，同意日后再将同样的商品租回的销售方式。售后租回的业务性质与售后回购相同，属于融资活动，一般情况下也是不确认收入的。售价与资产账面价值之间的差额记入"递延收益"科目，采用合理的方法进行分摊。

⑦以旧换新销售。

以旧换新销售，是指销售方在销售商品的同时回收与所售商品相同的旧商品的销售方式。以旧换新业务在实际生活中大量存在。例如：洗衣机厂回收旧洗衣机，将新洗衣机销售给客户，新旧洗衣机的差价，就是客户要支付给洗衣机厂的金额。做账时不能以客户支付的差价作为收入，而是销售的商品按商品销售的方法确认收入，回收的商品作为购进商品处理，分开核算。

（6）提供劳务收入的确认和计量

①本年提供劳务，本年完成。

一般是在提供完劳务的时候确认收入。

②本年提供劳务，跨年度完成。

安装劳务、培训机构的培训劳务等都是很有可能跨年度完成的劳务。

提供劳务的交易结果能够可靠估计的，采用完工百分比法确认提供劳务收入。提供劳务的交易结果不能够可靠估计，已经发生的劳务成本预计能够得到补偿的，按照已经发生的劳务成本金额确认提供劳务收入，并按相同金额结转劳务成本；已经发生的劳务成本预计只能部分得到补偿的，应按能够得到补偿的劳务成本金额确认收入，并将已经发生的成本结转劳务成本；已经发生的劳务成本预计全部不能得到补偿的，应将已经发生的劳务成本记入当期损益，不确认提供劳务收入。

③同时销售商品和提供劳务。

同时销售商品和提供劳务（混合销售）需要把握一个原则：销售商品和提供劳务尽量分开处理；若是无法区分，则全部作为销售商品处理。

另外，签合同或协议时也尽量把销售商品和提供劳务的价款分开列示（如销售设备的同时负责安装工作等）。

（7）让渡资产使用权收入的确认和计量

①利息收入。

利息收入要按照他人使用本企业货币资金的时间和实际利率计算确定。

②使用费收入。

使用费收入严格来讲是按照合同约定确认的收入。如果租金等使用费收入一次性收到，不提供后续服务，那么在收款的时候就确认收入；如果一次性收取使用费并提供后续服务，那么应该在合同或协议规定的有效期内分期确认收入；如果分次收到使用费收入，那么也要按照分次收款的合同约定确认收入。

2.1.6　期末结转业务会计处理

期末结转业务会计处理，包括以下内容。

（1）期末损益结转

将收入收益、成本费用结转至"本年利润"科目，结转后损益类科目余额为 0。

（2）年末本年利润结转

将本年利润结转至"利润分配——未分配利润"科目，结转后"本年利润"科目余额为 0。

（3）提取盈余公积

如果有未弥补的亏损，则本年实现的净利润应先补亏，后提盈余公积；如果没有未弥补亏损，则以本年实现的净利润为基数提取盈余公积。

盈余公积分为法定盈余公积和任意盈余公积。

有限责任公司和股份制公司应按照净利润的 10% 提取法定盈余公积，计提的法定盈余公积达到注册资本的 50% 时，可以不再提取。法定盈余公积应在当年年底提取。

公司经股东大会或类似机构批准按照自行规定的比例提取任意盈余公积，也可以不提。任意盈余公积应按股东大会决议提取。

（4）分配股利

分配股利的账务处理应根据股东大会的决议进行。

（5）利润分配内部明细科目结转

将其他明细科目的余额结转入未分配利润，结转后其他明细科目无余额。

2.2 企业票证章的管理

开办一家企业主要有设立登记、刻制公章、申领发票 3 个主要环节。申请人首先到市场监督管理部门办理企业设立登记，平均在 1 个工作日内完成，再分别到公章刻制企业刻章，到税务部门申领发票。

企业从开办到运营，牵扯到很多重要的票证，包括营业执照（三证合一）、银行开户许可证、公司印章、发票等，那么如何对这些重要的票证章进行管理呢？

2.2.1 企业证件管理

企业开业必备的证件，包括营业执照、税务登记证、组织机构代码证"三证合一"和银行账户许可证。

"三证合一"是将企业依次申请的工商营业执照、组织机构代码证和税务登记证三证合为一证，提高市场准入效率；"一照一码"则是在此基础上更进一步，通过"一口受理、并联审批、信息共享、结果互认"，实现由一个部门核发加载统一社会信用代码的营业执照。

每家企业应办理营业执照后，再去银行开户。企业对公账户分为四类：基本账户、一般账户、临时账户及专用账户。企业最常用的账户是基本账户和一般账户。

基本账户是存款人因办理日常转账结算和现金收付需要开立的银行结算账户。一个企业、事业单位只能在一家银行开立一个基本存款账户。存款人的工资、奖金等现金的支取只能通过基本账户办理。

一般账户是存款人因借款或其他结算需要，在基本存款账户开户银行以外的银行营业机构开立的银行结算账户。该账户可以办理转账结算和现金缴存，但不得办理现金支取。

2.2.2 公司印章的管理

公司印章主要分为 5 种。

（1）公章，用于公司对外事务的处理。工商、税务、银行等外部事务的处理需要加盖公章。

（2）财务专用章，用于公司票据的出具。支票等在出具时需要加盖财务专用章。财务专用章通常称为银行大印鉴。

（3）合同专用章，顾名思义，通常在公司签订合同时需要加盖。

（4）法定代表人章，有特定的用途，公司出具票据时也要加盖此印章，通常称为银行小印鉴。

（5）发票专用章，在公司开具发票时需要加盖。

公司印章管理制度如下。

第一，公司印章包括公章、合同专用章及财务专用章。公章由公司财务办公室负责管理，未经总经理批准不得随意交由他人管理和使用。因故需临时交接公章的，必须经总经理批准并严格办理交接手续。

第二，一般介绍信及身份证明，必须经综合管理办公室负责人或公章主管人员审核后，方可盖章，以备查。

第三，对加盖公章的材料，应注意落款单位必须与印章一致，用印位置恰当，要骑年盖月、字组端正、图形清晰。

第四，公章禁止带出公司使用，如因特殊需要，必须经总经理批准，由综合管理办公室人员携带前往，用后立即带回。

第五，公章一律不得用于空白介绍信、空白纸张、空白单据等。如遇特殊情况，必须经总经理同意。公章一般应在上班时间内使用，如无特殊情况，下班后停止使用公章。

第六，公章管理人员必须认真负责，严格遵章守纪，秉公办事，没有总经理及相关负责人的签字，不得随意盖章。

第七，公章管理人员应妥善保管公章，不得随意乱放，下班时间和节假日期间应采取防盗措施。

第八，盖章后出现的意外情况由批准人负责，公章管理人员违规盖章造成的后果由直接责任人负责。

2.2.3　票据的管理和使用

重要的票据，包括支票和发票等。支票是出票人签发的，委托办理支票存款业务的银行或者其他金融机构在见票时无条件支付确定的金额给收款人或者持票人的票据。支票的特征表现在：其一，支票是委付证券，但支票的付款人比较特殊，必须是有支票存款业务资格的银行或非银行金融机构；其二，我国的支票只有即期支票，支票无承兑制度。

支票分现金支票和转账支票。所谓现金支票，就是在支票的左上角有两条平行线的支票。该支票只能用于转账，不能用于支取现金。

转账支票可以背书转让；现金支票不得背书转让；支票提示付款期为十天（从签发支票的当日起，到期日遇节假日顺延）；支票签发的日期、大小写金额和收款人名称不得更改，其他内容有误，可以划线更正，并加盖预留银行印鉴之一证明；支票发生遗失，可以向付款银行申请挂失止付，挂失前已经支付，银行不予受理；出票人签发空头支票、印章与银行预留印鉴不符的支票，银行除将支票做退票处理外，还要按票面金额处以 5% 但不低于 1 000 元的罚款。持票人有权要求出票人赔偿支票金额 2% 的赔偿金。

发票是指一切单位和个人在购销商品、提供或接受服务以及从事其他经营活动中，所开具和收取的业务凭证，是会计核算的原始依据，也是审计机关、税务机关执法检查的重要依据。收据才是收付款凭证，发票只能证明业务发生了，不能证明款项是否收付。

简单来说，发票就是发生的成本、费用或收入的原始凭证。对于企业来讲，发票主要是企业做账的依据，同时也是缴税的费用凭证；而对员工来讲，发票主要是用来报销的。

企业加强发票管理的措施如下。

（1）完善和落实发票管理制度

一是将发票管理与征管质量考核和目标责任考核相结合，实行严格的考核和奖罚制度；二是严格落实发票日常管理制度，按照"谁管理谁负责"的原则，做好发票的日常管理、检查和监督辅导工作，把发票违法现象遏制在萌芽状态；三是完善发票管理责任制，明确各个环节的岗位责任，按照"谁负责谁受罚"的原则进行责任追究，防止责任心不强或权利滥用现象的发生；四是健全用票单位和个人的发票管理制度，如发票管理员制度、发票领购制度、发票填开制度、发票保管制度、发票缴销制度等，并严格执行，确保发票管理的各个环节衔接畅通和良性循环。

（2）加大发票管理的检查力度

一是加大发票检查力度。明确检查重点，确保检查质量，把查处重点放在打击假发票和不按规定开具发票上；应结合日常征管工作，把发票的日常检查列入重要工作日程，做到经常化，并且定期开展大规模的发票打假活动。

二是增强发票处罚的科学性。第一是处罚相当原则，即处罚额度应与违法行为造成的后果相适应，防止偏高或偏低；第二是结合实际原则，即在综合考虑行业、经营规模、经济性质、违法性质及后果等各种因素的基础上，规定合理的处罚标准，达到宣传、教育、处罚、打击的目的，同时维护法律的刚性和威严。

2.2.4　把控财务风险，约束财务自由

企业"三证合一"的营业执照、银行的账号、支票和发票等这些票证管理，需要有完善的制度——财务制度。

制度要结合企业的实际情况制定，而不是人云亦云。现在有一部分企业，刚刚接触财务的或者刚刚创设的，制定制度只是走形式，只是把其他企业的制度拿来贴在自己企业的墙上。

因为每个企业都是不同的，每个企业的制度都是有个性的。企业的制度，要根据企业的具体情况来制定。企业管理不同，相应的制度也不同。例如，有的企业的财务专用章和公章是总经理在保管，但是有的企业是财务人员——会计或出纳在保管。

那么，制度制定的条件又是怎样的？

制定制度，就是为了把控管理风险。管理会有风险，会导致不好的后果，如果制度能规避或减少风险，则其就是有用的制度。所以制度是了解了企业经营中的一系列问题后，才制定的。如果不了解企业是怎么运营的，就盲目地制定制度，那么这个制度制定出来也没有意义。

2.3 财务单据与报表编制技巧

财务工作是一项事无巨细的工作，是与数字打交道、用数据说话的工作。作为一名合格的会计人员，不仅要掌握单据使用和管理方法，更要掌握从建账到财务报表编制的方法。

财务报表编制是指根据账簿记录，按照规定的表格形式，集中反映各企业在一定会计期间经济活动过程和结果的专门方法。编制财务报表，既能为企业管理当局及与企业有经济利益关系的各方提供所需要的会计信息，又能为国家利用会计信息进行国民经济综合平衡提供依据。

2.3.1 模拟企业资料及期初建账

会计账簿是记录会计核算过程和结果的载体。设置会计账簿，是会计工作得以开展的基础环节。设置并有效利用会计账簿，才能进行会计资料的收集、整理、加工、存储和提供，才能连续、系统、全面、综合地反映企业的财务状况和经营成果，才能通过会计账簿所提供的信息揭示经济活动中存在的问题，并寻找改善经营管理的对策。

会计人员均应根据核算工作的需要设置并应用账簿，即平常所说的"建账"。

（1）建账的基本程序

第一步，按照需用的各种账簿的格式要求，预备各种账页，并将活页式账页用账夹装订成册。企业建账常用的账簿如图2-4所示。

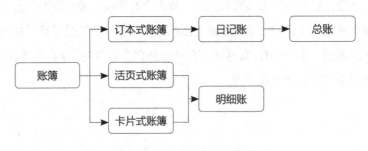

图2-4 企业建账常用的账簿

第二步，在账簿的启用表上，写明企业名称、账簿名称、册数、编号、起止页数、启用日期以及记账人员和会计主管人员姓名，并加盖个人名章和企业公章。

记账人员或会计主管人员在本年度调动工作时，应注明交接日期、接办人员和监交人员姓名，并由交接双方签名或盖章，以明确经济责任。

第三步，按照会计科目表的顺序、名称，在总账账页上建立总账账户；并根据总账账户明细核算的要求，在各个所属明细账户上建立二级、三级明细账户。原有企业在开始建立年度各级账户的同时，应将上年账户余额结转过来。

第四步，启用订本式账簿，应从第一页起到最后一页止，顺序编定号码，不得跳页、缺号；使用活页式账簿，应按账户顺序编本户页次号码。各账户编列号码后，应填账户目录，将账户名称页次登入目录内，并粘贴索引纸（账户标签），写明账户名称，以便检索。

（2）如何设立明细账

明细账通常根据总账科目所属的明细科目设置，用来分类登记某一类经济业务，提供有关明细核算资料。设立明细账是形成有用的会计信息的基本程序和基本环节，借助明细账既可以对经济业务信息或数据做进一步的加工整理，进而通过总账形成适用于财务报表编制的会计信息，又可以为了解信息的形成提供具体情况和有关线索。

设立明细账时，应该注意以下几点。

首先，明细科目的名称应根据统一会计制度的规定和企业管理的需要设置。会计制度对有些明细科目的名称做出了明确规定，有些只规定了设置的方法和原则。对有明确规定的，企业在建账时应按照会计制度的规定设置明细科目的名称；对没有明确规定的，企业建账时应按照会计制度规定的方法和原则，以及企业管理的需要设置明细科目。

其次，根据财产物资管理的需要选择明细账的格式。明细账的格式主要有三栏式、数量金额式和多栏式，企业可根据财产物资管理的需要自行选择。

最后，明细账的外表形式一般采用活页式。明细账采用活页式账簿，主要是因为使用方便，便于账页的重新排列和记账人员的分工，但是活页式账簿的账页容易散失和被随意抽换。因此，使用时应顺序编号并装订成册，注意妥善保管。

（3）如何设立备查账

备查账是一种辅助账簿，是对某些在日记账和分类账中未能记载的会计事项进行补充登记的账簿。建立备查账时，一般应该注意以下事项。

第一，备查账应根据统一会计制度的规定和企业管理的需要设置。并不是每个企业都要设置备查账，而应根据管理的需要来决定，但是对会计制度规定必须设置备查簿的科目，如"应收票据""应付票据"科目等，必须按照会计制度的规定设置备查账。应收票据备查账如表2-2所示。

表2-2 应收票据备查账

种类	号数	出票日期	出票人	票面金额	到期日期	利率	付款人	承兑人	背书人	贴现			收回		注销	备注
										日期	贴现率	贴现额	日期	金额		

第二，备查账的格式由企业自行确定。备查账没有固定的格式，与其他账簿之间也不存在严密的钩稽关系，其格式可由企业根据内部管理的需要自行确定。

第三，备查账的外表形式一般采用活页式。为了使用方便，备查账一般采用活页式账簿。与明细账一样，为保证账簿的安全、完整，使用时应顺序编号并装订成册，注意妥善保管，以防账页丢失。

（4）现金日记账应该怎样设置

现金日记账是专门记录现金收付款业务的特种日记账，它一般由出纳人员负责填写。现金日记账既可用作明细账，也可用作过账媒介。现金收付款业务较多的企业，也可分别设置现金收入日记账和现金支出日记账分别记录收付款业务。

银行存款日记账是用来记录银行存款收付款业务的特种日记账。其设计方法与现金日记账基本相同，但需将账簿名称分别改为"银行存款收入日记账""银行存款支出日记账""银行存款日记账"，并将前两张账页左上角的科目名称改为"银行存款"。而且一般应相应增加每笔银行存款收支业务所采用的结算方式一栏，以便分类提供数据和据以查对、汇总。

当现金日记账用作过账媒介时，必须设置普通日记账，用以记录全部转账业务，逐日逐笔进行登记。普通日记账格式可以采用两栏式，也可采用三栏式，但后者更为简便易行。

（5）如何设立总账

总账（亦称总分类账）是根据会计科目（亦称总账科目）开设的账簿，用来分类登记一个企业的全部经济业务，提供资产、负债、资本、费用、成本、收入和成果等总括核算的资料。

三栏式：在采用借贷记账法的情况下，可以采用按借方、贷方和余额设栏的三栏式总账。其账页格式又有两种，一种是在借方金额栏和贷方金额栏内再设"对方科目"栏，另一种则是不在借贷栏内设"对方科目"栏。三栏式总账如表2-3所示。

表2-3　三栏式总账

年		凭证		摘要	借方										贷方										借或贷	余额										核对
月	日	种类	号数		亿	千	百	十	万	千	百	十	元	角	分	亿	千	百	十	万	千	百	十	元	角	分		亿	千	百	十	万	千	百	十	元	角	分	

多栏式：为了满足将序时记录和总分类记录结合在一起登记的需要，可以采用多栏式总账。这种总账，叫作日记总账。多栏式总账如表2-4所示。

表2-4　多栏式总账

202×年		凭证		摘要	发生额	现金		银行存款		应收账款		……
月	日	字	号			借方	贷方	借方	贷方	借方	贷方	……

棋盘式：为了简化记账工作，也可以采用棋盘式总账，即按照总账科目对应关系反映本期发生额和期初、期末余额的总账。一般是纵向设应借科目名称，横向依次设应贷科目名称、期初余额（分借、贷两栏）、期末余额（分借、贷两栏）等。棋盘式总账是一种传统的矩阵总账，如表2-5所示。

表2-5 棋盘式总账

借方 \ 贷方		资产	负债	业主权益	收入	费用	借方合计	期初余款		期末余款	
								借方	贷方	借方	贷方
		1	2	3	4	5	6	7	8	9	10
1	资产										
2	负债										
3	业主权益										
4	收入										
5	费用										
6	贷方合计										

科目汇总表：采用科目汇总表代替总账，应是具有期初余额、本期发生额和期末余额的科目汇总表，只有本期发生额的科目汇总表不能用来代替总账。科目汇总表如表2-6所示。

表2-6 科目汇总表

科目名称	期初余额	本期发生额	期末余额
现金			
银行存款			
其他应收款			
材料采购			
原材料			
应付职工薪酬			
生产成本			
制造费用			
管理费用			
营业外支出			
应交税费			
合计			

总账一般应采用订本式，这有利于保护总账记录的安全和完整，但科目汇总表可以是活页式。

2.3.2　会计资料整理归档

企业会计账簿登记要求准确完整。登记会计账簿时，应将会计凭证日期、编号、业务内容摘要、金额和其他有关资料逐项记入账内，做到数字准确、摘要清楚、登记及时、字迹工整。

每一项会计事项，一方面要记入有关总账，另一方面要记入该总账所属的明细账。账簿记录中的日期，应该填写记账凭证上的日期；以自制原始凭证（如收料单、领料单等）作为记账依据的，账簿记录中的日期应按有关自制原始凭证上的日期填列。

科目汇总表，又称记账凭证汇总表，是企业定期对全部记账凭证进行汇总后，按照不同的会计科目分别列示各账户借方发生额和贷方发生额的一种汇总凭证。科目汇总表可每月编制一张，按旬汇总，也可每旬汇总一次并编制一张。在科目汇总表账务处理程序中，根据科目汇总表登记总账。

登记总账的方法，包括：根据记账凭证逐笔登记总账；根据各种汇总记账凭证登记总账（根据各种记账凭证编制有关汇总记账凭证）；根据科目汇总表登记总账（根据各种记账凭证编制科目汇总表）。

2.3.3　期末对账、结账及报表编制

对账是指会计核算中，对账簿记录所做的核对工作。对账工作是保证账证、账账、账实相符的重要条件。

（1）期末对账步骤

期末对账步骤如下。

第一步，账证核对。核对会计账簿记录与原始凭证、记账凭证中的凭证字号、金额及记账方向等内容是否一致。

第二步，账账核对。总账有关账户之间的余额核对，总账与明细账核对，总账与日记账核对，会计部门的财产物资明细账与财产物资保管和使用部门的有关明细账核对等。

第三步，账实核对。现金日记账账面余额与现金实际库存数相核对；银行存款日记账账面余额定期与银行对账单相核对；盘点存货、固定资产，然后将各种财产物资明细账账面余额与财产物资实存数额相核对；寄送对账单，将各种应收、应付款明细账账面余额与有关债权、债务单位或个人相核对等。

（2）期末结账

期末结账是指在把一年内发生的全部经济业务登记入账的基础上，计算并记录本期发生额和期末余额。

结账通常包括以下两项内容。

结转收入、费用类账户。对于收入和费用类账户，会计期末应将其余额结平，据以计算确定本期的利润，从而将经营成果在账面上提示出来，为编制利润表提供有关依据。

结转资产、负债和所有者权益类账户。对于资产、负债和所有者权益类账户，会计期末应分别结出其总账和明细账的本期发生额及期末余额，并将期末余额结转为下一年的期初余额，为编制资产负债表提供有关依据。

总之，对账就是企业的往来账和对方的核对，如银行存款日记账和银行对账单的核对；而结账是期末将利润表中各项目数额结转到本年利润。

（3）编制财务报表

一套完整的财务报表至少应当包括"四表一注"，即资产负债表、利润表、现金流量表、所有者权益（或股东权益）变动表以及附注。

案例　会计手工账真账实操

企业刚成立如何建账？

第一，根据企业的规模等，可以选择适用《企业会计准则》《企业会计制度》《小企业会计制度》。王丽所在的公司属于机械工业企业，选择适用《企业会计准则》。

第二，购买账簿。由于工业企业会计核算涉及内容多，又有成本归集与计算问题，所以工业企业建账是比较复杂的。作为公司会计，王丽设置的账簿有以下几种。

（1）现金日记账。王丽只设1本现金日记账，但如有外币，还应就不同的币种分设现金日记账。

（2）银行存款日记账。企业一般应根据每个银行账号单独设立1本银行存款日记账。王丽所在的公司只有1个基本账户，因此只需设1本银行存款日记账。

王丽所在的公司的现金日记账和银行存款日记账，均使用订本式账簿。根据业务量大小可以选择购买 100 页的或 200 页的账簿，考虑到公司刚刚成立，王丽选择购买 100 页的账簿。

（3）总账。王丽所在的公司只设 1 本总账，采用订本式账簿，根据业务量大小选择购买 100 页的账簿。这 1 本总账包含企业所设置的全部账户的总括信息。

（4）明细账。明细账王丽选择使用活页式的，所以不能直接买到现成的。存货类的明细账选用数量金额式账页；收入、费用、成本类的明细账选用多栏式账页；应交增值税的明细账单有账页；其他明细账基本选用三栏式账页。因此，王丽分别购买这 4 种账页，根据所需每种格式账页大概页数分别取部分出来，外加明细账封皮及经管人员一览表，再穿绳系上。

当然，账簿本数依然根据企业业务量等情况而不同。业务简单且很少的企业可以把所有的明细账户设在 1 本明细账上；业务多的企业可根据需要分别就资产、所有者权益、损益类设 3 本明细账，也可单独就存货、往来各设 1 本明细账……无固定情况，根据企业管理需要设置。

另外，有些大公司的固定资产明细账用卡片式账簿，而一般小公司将固定资产和其他资产合在一起设置明细账。

第三，选科目。王丽参照会计准则应用指南中的会计科目，结合公司所属行业及公司管理需要，依次从资产类、负债类、所有者权益类、成本类、损益类中选择应设置的会计科目。

第四，填制账簿内容。

（1）封皮。

（2）扉页，或使用登记表，明细账中称经管人员一览表。公司或使用者名称，即会计主体名称，与公章内容一致；印鉴，即公司公章；使用账簿页数，在本年度结束时（12 月 31 日）据实填写；经管人员，盖相关人员个人名章。另外记账人员更换时，应在交接记录中填写交接人员姓名、经管人员姓名及交出时间和监交人员职务、姓名；粘贴印花税票并画双横线。

另外，如果明细账分若干本，还需在经管人员一览表中填列账簿名称。

（3）总账的账户目录。王丽所在的公司总账采用订本式，印刷时已事先在每页的左上角或右上角印好页码。但由于所有账户均需在一本总账上体现，故应给每个账户预先留好页码，如"库存现金"用第 1、2 页，"银行存款"用第 3、4、5、6 页，根据公司具体情况设置；并要把科目名称及其页次填在账户目录中。

明细账由于采用活页式账簿，在年底归档前可以增减账页，故不用非常严格地预留账页。

现金或银行存款日记账各自登记在一本上，故不存在预留账页的情况。

（4）账页（不存在期初余额）。现金和银行存款日记账不用对账页特别设置。

①总账账页。

王丽按资产、负债、所有者权益、成本、收入、费用的顺序把所需会计科目名称写在总账账页左上角或右上角的横线上，或直接加盖科目章。

②明细账账页。

王丽按资产、负债、所有者权益、成本、收入、费用的顺序把所需会计科目名称写在明细账账页左（右）上角或中间的横线上，或直接加盖科目章，包括根据公司具体情况分别设置的明细科目名称。另外成本、收入、费用类明细账还需以多栏式分项目列示，如"管理费用"借方要分成办公费、交通费、电话费、水电费、工资等项目列示，具体按公司管理需要列示，即费用的分项目列示，每个公司可以不相同。

另外，为了查找、登记方便，王丽在设置明细账账页时，在每一账户的第一张账页外侧粘贴了口取纸，并各个账户错开粘贴。当然口取纸上也要写出会计科目名称，一般只写一级科目。另外，也可将资产、负债、所有者权益、收入、费用按不同颜色区分开。

案例　某公司出纳岗位详细的财务流程

某公司出纳岗位详细的财务流程如下。

（1）现金收付财务流程。

①收现财务流程。

根据会计岗开具的收据（销售会计开具的发票）收款；检查收据开具的金额是否正确、大小写是否一致、有无经手人签名；在收据（发票）上签字并加盖财务结算章；将收据第二联（或发票联）给交款人；凭记账联登记现金流水账；登记票据传递登记本；将记账联连同票据传递登记本传到相应岗位签收制证。

注：原则上只有收到现金才能开具收据，在收到银行存款或下账时需开具收据的，核实收据上已写有"转账"字样后，加盖"转账"图章和财务结算章，并登记

票据传递登记本后传给相应会计岗位。

发放工资时代收代扣的款项，由工资及固定资产岗开具收据，可以没有交款人签字。

②付现财务流程。

费用报销：审核各会计岗传来的现金付款凭证金额与原始凭证是否一致；检查并督促领款人签名；据记账凭证金额付款；在原始凭证上加盖"现金付讫"图章；登记现金流水账；将记账凭证及时传主管岗复核。

人工费、福利费发放：凭人力资源部开具的支出证明单付款（包括车间工资差额，需以现金形式发放的兑现、奖金等款项）；在支出证明单上加盖"现金付讫"图章；登记现金流水账；登记票据传递登记本；将支出证明单连同票据传递登记本传给工资福利岗签收制证。

③现金存取及保管流程。

每天上午按用款计划开具现金支票（或凭银行存折）提取现金；安全妥善保管现金，准确支付现金；及时盘点现金；下午 3：30 视库存现金余额送存银行。

注：下午下班后，现金库存应在限额内；从银行提取现金以及将现金送存银行时都须通知保安人员随从，注意保密，确保资金安全；管理现金日记账，做到日清月结，并及时与计算机中账目核对余额。

（2）银行存款收付财务流程。

①银收流程。

收货款：整理销售会计传来的支票、汇票；核查和补填进账单；上午上班时将票据交主管岗背书；送交司机进账及取回单；整理从银行拿回的回款单据；将回款单据第一联与回执粘贴在一起；在计算机中编制回款登记表并共享、打印；将回款登记表连同回款单传给销售会计。

其他项目收：收到除货款以外项目的支票、汇票；填写进账单；进账；回单；登记票据传递登记本；将票据传递登记本传给相关岗位。

贷款：收到银行贷款上账回单；登记票据传递登记本并传给管理费用岗位。

②银付流程。

第一，日常性业务款项：根据付款审批单（计划内费用经相关岗位审核，计划内 10 万元以上或计划外费用经财务部长或财务总监审核）审核调节表中有无该部门前期未报账款项；开具支票（汇票、电汇）；登记支票使用登记本；将支票、汇票存根粘贴到付款审批单上（无存根的注明支票号及银行名称）；加盖"转账"图章；登记票据传递登记本并传给相关岗位制证。

注：开出的支票应填写完整，禁止签发空白金额、空白收款单位的支票；开出的支票（汇票、电汇）收款单位名称应与合同、发票一致；有前期未报账款项的个人及所在部门，一律不办理付款业务。

第二，打卡工资：根据工资岗开具的付款审批单（经财务部长签字）开具支票，填写进账单，连同工资盘交司机送南湖建行；登记支票使用登记本；将支票存根粘贴到付款审批单上，加盖"转账"图章；登记票据传递登记本并传给工资福利岗位。

第三，业务员兑现：凭销售会计传来的付款审批单（经财务部长签字）开具支票，填写进账单，交司机送银行进账；登记支票使用登记本；将支票存根粘贴到付款审批单上，加盖"转账"图章；登记票据传递登记本并传给工资福利岗位。

第四，还贷及银行结算：收到银行贷款还款凭证及手续费结算凭证；登记票据传递登记本并传给管理费用岗位。

第五，交税：收到税务岗传来的税票（附付款审批单）；填写划款行银行账号及进账单。

进税卡：凭税务岗填写的付款审批单开具支票，填写进账单，交司机送银行进账；凭回单及支票存根登记支票使用登记本传给税务岗位编制凭证。

从税卡缴税：收到税务岗传来的完税票据和税卡划款凭条；登记支票使用登记本传税务岗位编制凭证。

第六，及时将各银行对账单交内审岗编制银行调节表，对调节表上挂账及时进行清理和查询，责成相关岗位进行下账处理；根据银行收付情况统计各银行资金余额，随时掌握各银行存款余额，避免空头；熟练掌握公司各银行户头（单位名称、开户银行名称、银行账号）。

（3）工作要求。

熟悉公司各类财务管理制度；了解财务部各岗位工作内容，做好与各岗位的衔接工作；准确收付现金，妥善保管现金及有价证券，保证资金安全；坚持每天盘点现金，及时核对现金日记账，做到日清月结；随时掌握公司各银行户头余额，禁止签发空头支票；树立良好的窗口形象。

第 3 章

企业财务分析：如何将财务分析转化为绩效指标

财务分析通过一系列专门的分析技术和方法，以会计核算和报表资料及其他相关资料为依据，对企业等经济组织过去和现在有关经营活动、投资活动、筹资活动的偿债能力、盈利能力和营运能力状况进行分析与评价。

财务分析是为企业的投资者、债权人、经营者及其他关心企业的组织或个人了解企业过去、评价企业现状、预测企业未来，从而做出正确决策提供准确的信息或依据的经济应用学科。

3.1 财务报表解读

财务报表是反映企业或预算单位一定时期资金、利润状况的报表。我国财务报表的种类、格式、编报要求，均由统一的会计制度规定，要求企业定期编报。

财务报表是对企业或预算单位一定时期的财务状况、经营成果和现金流量的结果性表述。它是反映一家企业经营状况的特殊语言。解读财务报表，最大的意义在于，学会排除问题企业，发现隐藏的风险。

3.1.1 资产负债表项目分析

资产负债表（the Balance Sheet）亦称财务状况表，是反映企业在一定日期（通常为各会计期末）的财务状况（资产、负债和所有者权益的状况）的主要财务报表。资产负债表是利用会计平衡原则，将合乎会计原则的资产、负债、所有者权益等交易项目分为"资产"和"负债及所有者权益"两部分，在经过编制分录、转账、编制分类账、试算、调整等会计程序后，以特定日期的静态企业情况为基准，编制成的一张报表。该报表除了可以加强企业内部除错、指明经营方向、防止舞弊外，还可让报表使用者在最短时间内了解企业经营状况。

资产负债表主要说明一家企业在经营时，某一个时点有多少资产、积欠供应商与银行多少债务，以及从股东处获取多少资金来经营事业。资产负债表，可以清楚地反映资产和负债、所有者权益之间的关系。资产负债表概貌如图 3-1所示。

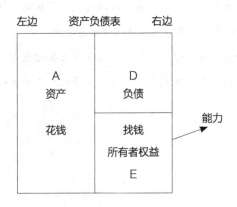

图 3-1　资产负债表概貌

资产和负债、所有者权益之间的关系还可以用一个简单的计算公式来表示，即资产（Asset）＝负债（Debt）＋所有者权益（Equity），简写为"A = D + E"。会计恒等式如图 3-2 所示。

图 3-2　会计恒等式

会计恒等式是各个会计要素在总额上必须相等的一种关系式。它揭示了各会计要素之间的联系，是复式记账、编制财务报表的理论依据。不同会计期间，会计恒等式的表示方法也不相同。

从以上计算公式可以看出，资产负债表就是一张平衡表，符合会计恒等式，左边等于右边。资产负债表的右边显示企业的资金是从哪里来的——所有者投入的资金（所有者权益）和银行贷款等（负债）。资产负债表的左边显示企业的资金花到哪里去——厂房设备、原材料、产品等（资产）。

资产负债表（简表）如表 3-1 所示。

表 3-1　资产负债表（简表）

资产（左边） 货币资金 应收账款 其他应收款 预付款项 存货 流动资产合计 固定资产 投资性房地产 非流动资产合计 资产总计	负债（右边） 短期借款 应付票据 应付账款 其他应付款 流动负债合计 长期借款 非流动负债合计
	实收资本 资本公积 盈余公积 未分配利润 所有者权益合计 负债和所有者权益总计

各会计项目就是财务报表的基本组成要素。解读资产负债表，必须从了解各项目开始。

（1）资产负债表左边资产类项目

资产负债表左边资产类项目分为流动资产项目和非流动资产项目。

流动资产是指预计在一个正常营业周期中变现、出售或耗用的资产，或者主要为交易目的而持有的资产，或者预计在资产负债表日起一年内（含一年）变现的资产，以及自资产负债表日起一年内，交换其他资产或清偿负债的能力不受限制的现金或现金等价物等资产。

①货币资金。

资产负债表的第一个项目就是货币资金，包括库存现金、银行存款和其他货币资金。

一般来说，货币资金并不是越多越好。如果一个企业的货币资金过多，说明这个企业没有对现金进行合理管理。如果一个企业的货币资金过少，那么这个企业可能存在一定的偿债风险。

企业不能靠借资或者融资长久地生存，还是得靠自己的"造血"能力，也就是主营业务的盈利能力。企业的目的是实现盈利，最终落点是货币资金；投资者的目的也是实现盈利，最终落点也是货币资金。所以我们要实时关注这一项目，同时结合企业日常经营和投资战略综合评定。企业注重对投资者的长期回报，将坚持以企业红利，同时适时考虑以送转股份等方式，来回报广大投资者。

②应收账款。

应收账款是指企业在正常的经营过程中因销售商品、提供劳务等业务应向购买单位收取的款项，是伴随企业的销售行为发生而形成的一项债权。如果应收账款余额不断增加，流动资金就会出现短缺，靠举债经营的企业就很可能资不抵债。例如，家电行业龙头之一——四川长虹，曾经就栽倒在 45 亿元的应收账款上。该企业一次性产生了 37 亿元的坏账，结果把多年累积的"利润"赔进去了。

所以，企业要进行有效的风险控制，投资者更需要有一双慧眼识别风险。

③存货。

存货是指企业在日常活动中持有以备出售的产成品或商品、处在生产过程中的在产品、在生产过程中或提供劳务过程中耗用的材料或物料等，包括各类材料、在产品、半成品、产成品或库存商品以及包装物、低值易耗品、委托加工物资等。

一般情况下，企业的存货包括下列三种类型的有形资产。

第一，在正常经营过程中存储以备出售的存货。这是指企业在正常经营过程中持有的处于待销状态的各种物品，如工业企业的库存产成品及商品流通企业的库存商品。

第二，为了最终出售正处于生产过程中的存货。这是指为了最终出售但正处于生产加工过程中的各种物品，如工业企业的在产品、自制半成品以及委托加工物资等。

第三，为了生产供销售的商品或提供劳务而储备的存货。这是指企业为生产商品或提供劳务而储备的各种原材料、燃料、包装物、低值易耗品等。

以上项目是资产负债表中的流动资产，在资产负债表中按照转换为现金的速度排列。流动资产能很快地完成现金转换的过程，但与之对应的资产转换成现金可能需要经历一个漫长的过程，这就是非流动资产。

下面是非流动资产项目。非流动资产是指不能在一年或者超过一年的一个营业周期内变现或者耗用的资产。非流动资产是指流动资产以外的资产，主要包括长期应收款、长期股权投资、投资性房地产、固定资产、在建工程、无形资产、长期待摊费用等。它们的共同特点就是占用资金多、周转速度慢、快速变现能力弱。

①长期股权投资。

长期股权投资是指企业通过投资取得的其他企业的股份。这部分股权是以长期持有为目的的，会按照比例共担风险和享有收益。

长期股权投资通常具有金额大、投资期限长、风险大以及能为企业带来较大利益等特点。长期股权投资的利润空间相当广阔，一是企业的分红，二是企业上市后更为丰厚的回报，同时还可享受企业的配股、送股等一系列优惠。

②固定资产。

固定资产是为了经营活动才会持有的，且不会频繁更换，持有一年以上，是价值比较大的非货币性资产。

③无形资产。

无形资产是指没有实物形态的可辨认的非货币性资产。无形资产有广义和狭义之分，广义的无形资产包括金融资产、长期股权投资、专利权、商标权等，因为它们没有物质实体，表现为某种法定权利或技术。但是，会计上通常将无形资产做狭义理解，即将专利权、商标权等称为无形资产。

以上这些就是资产负债表左边资产的一些重要项目，列示了资金的去处。了解了资金的去处，那么企业的资金又是从哪里来的呢？

（2）资产负债表右边负债类项目

资产负债表右边列示负债和所有者权益。负债是指企业过去的交易或者事项形成的，预期会导致经济利益流出企业的现时义务。

①应付账款。

应付账款是一种负债。如果买方在购买商品时，不能及时给卖方付款，卖方就增加了一项应收账款。

如果买方向供应商预付一笔货款，供应商就肩负着向买家发货的责任，形成供应商的负债，叫"预收账款"。

②短期借款。

在日常的生产经营活动中，难免会有资金周转不开的时候。这时首先会想到的是向银行等金融机构或个人借款。这类借款的目的一般就是周转，较短时间内就会归还，企业应通过"短期借款"科目核算。

③长期借款。

与短期借款相比，长期借款的偿还期限是在一年或者超过一年的一个营业周期，而且一般长期借款的金额比较大，金额和偿还方式会用合同约定，比较规律且固定。

所以，针对长期借款，企业必须做好资金安排，按期准备好偿还所需的货币资金。比如，小王为买下奶茶店便向银行贷款100万元，按合同规定分十年偿还，这就属于长期借款的范畴。

我们还应该注意一点，负债的到期期限是一个动态的过程，如果长期负债还剩一年就要到期了，它就会变成一年内到期的长期借款。小王向银行贷的100万元到第十年的时候，因为离到期日不到一年了，在资产负债表上的列示项目也应由"长期借款"转为流动负债下的"一年内到期的非流动负债"。

④其他应付款。

其他应付款项目怎么理解呢？想一想，企业除了会欠银行、供应商、客户的资金之外，还会欠谁的资金呢？

就是欠员工的资金，因为大部分企业都是在下月支付本月的工资。

比如，某企业在每个月的8日向员工支付上个月的工资，但是在上个月月底，会计就要做报表。在会计做报表的时间点，企业还没有支付员工工资，但员工已经在企业工作一个月了，所以这时候企业就产生了一笔要给员工支付工资的负债，即"应付职工薪酬"。当然这笔负债很快就会被支付，但在会计做报表的时候，这笔负债是存在的。

除此之外，企业还会欠税务局的资金，欠款原因与欠付员工工资的原因是一样的。作为守法的纳税人，企业会按规定缴纳税款。可是，企业当月向税务局缴纳上个月的税款，所以企业在上个月月底做报表的时候，就出现了企业发生经营行为却未缴税的情况。所以，企业就多了一笔负债，就是应交税费。

企业在日常生产经营活动中从事销售商品、提供劳务等活动会产生一定的收益，依照法律法规的规定应交各种税费，如增值税、消费税、资源税、城市维护建设税等。

因税费应该归属的期间与实际缴纳期间不同，产生的应交而未交的款项应该用"应交税费"科目来核算。

按照权责发生制原则，这些税费不管当期实际是否已经缴纳，均应在义务发生时记入"应交税费"科目的贷方，作为负债的增加，等到实际缴纳时再从该科目借方转出。

总之，了解企业的负债，才能更自如地安排好资金，从而安排好企业的生产经营。企业的流动负债和流动资产在金额上应该相互匹配，企业应充分利用好应付账款等流动负债，为资金的流动性做出一定的贡献。

（3）资产负债表右边所有者权益类项目

从"资产 = 负债 + 所有者权益"这个会计恒等式，可以推导出"所有者权益 = 资产 − 负债"，也就是说所有者权益是企业的资产扣除债权人权益后应由所有者享有的部分，它是所有者对企业资产的索取权。

所有者权益，是指企业资产扣除负债后，由所有者享有的剩余权益。企业的所有者权益又称为股东权益。所有者权益是所有者对企业资产的剩余索取权，是企业的资产扣除债权人权益后应由所有者享有的部分，它既可反映所有者投入资本的保值增值情况，又可以体现保护债权人权益的理念。

企业的资金来源有两种性质。

一种是借来的，叫债务，在财务里面叫作负债；另一种是股东的自有资金投入，在财务里叫所有者权益（股东权益）。

所有者权益，又分为实收资本（股本）、资本公积、盈余公积、未分配利润。

①实收资本（股本）。

实收资本又叫股本，记录的都是投资者投入的资金，一般情况下和企业的工商注册资金一致。实收资本和股本的本质是一样的，只不过实收资本一般用于股份有限公司以外的企业，股本用于股份有限公司。

在资产负债表中，股本反映的是股本金额。对于上市公司来说，股本就是企业具有的"股份数"。比如贵州茅台的实收资本是 12.56 亿元，那公司就有 12.56 亿股股份。

弄清楚股份数之后，还要知道最重要的一点：实收资本是企业股东的资金，他们拿出这些资金是为了成立企业以及维持经营。

②资本公积。

资本公积其实和实收资本一样，也是股东拿出的资金，一般产生于企业增资的过程中。

小王的奶茶店实现盈利后，他开了一家生产奶茶原料的企业，实收资本是1 000万元，但是经营两年之后想要扩大规模，想引进新的投资者，这时候小王决定再新增200万股。但这时小王已经苦心经营两年了，肯定不能以1元1股的价格增资，而其他投资者要投资就得拿出诚意。于是他决定以5元1股的价格增资，从投资者手中拿到1 000万元。

此时，小王的企业一共有1 200万股股份，增资带来的1 000万元中的200万元记入"实收资本"，剩余的800万元记入"资本公积"。

相比实收资本，资本公积不稳定，会随着资本市场的波动发生变动。因此，看一家企业的实力，更多的是看该企业的实收资本的规模。如果资本公积规模过大，企业可能在稳定性方面存在不足。

③盈余公积。

企业一般不会把利润全部分给股东，而要留下一部分。这时会计就会用两个项目来记录这一部分资金，分别是盈余公积和未分配利润。盈余公积是法律规定不让企业分配的利润，类似于强制储蓄。一般来说，一家企业获得利润后，至少要留10%的盈余公积。

例如，小王的奶茶店某一年赚到100万元，年末结算时，小王至少要留10万元作为盈余公积，而且这笔资金是不能被分配的。

为什么要强制提取盈余公积呢？其实，这跟强制储蓄一样，以备不时之需。盈余公积是企业利润的一部分，公司法强制要求企业把这部分资金分离出来用于特殊情况。

④未分配利润。

未分配利润是企业向股东分配之后（比如分红）的剩余利润，是留待以后年度进行分配的利润。

例如，小王赚到100万元后，除了提取盈余公积10万元，小王还从利润中拿出了30万元用于分红，而剩余的60万元准备作为第二年的投资金，这60万元就是未分配利润。

未分配利润是衡量企业经营的一个关键项目。与资本公积、盈余公积相比，对未分配利润的使用，企业有较大的自主权，但它也常常有误导性。

一家企业的未分配利润规模大，只能代表这家企业有利润，能用来弥补以前年度的损失，也能提取盈余公积，但不能代表能分红，因为分红要的是真金白银，不是账面上的利润。所以通过未分配利润判断企业的股息分红能力，通常要结合现金流量表来综合分析，一般经营活动产生的现金流量净额为负值，那即使未分配利润再大，分红的可能性也不大。

总之，实收资本和资本公积是所有者投入的资金，它既包括企业股本的金额，也包括投入资本超过股本部分的金额，即资本溢价（或股本溢价）；盈余公积和未分配利润是通过企业经营赚来的资金，除了法定公积金之外，其余利润由管理层决定分配，最终归属于股东。

3.1.2 利润表项目分析

利润表是反映企业在一定会计期间的经营成果的财务报表。当前国际上常用的利润表格式有单步式和多步式两种。单步式是将当期收入总额相加，然后将所有费用总额相加，一次计算出当期收益的方式。其特点是所提供的信息都是原始数据，便于理解。多步式是将各种利润分多步计算求得净利润的方式，便于使用人对企业经营情况和盈利能力进行比较和分析。

利润表反映企业的盈利能力，体现从收入到利润是如何一步一步实现的。利润表和资产负债表一样，可以用一个简单的等式来表示。

$$收入 - 费用 = 利润$$

计算公式很简单，但收入和费用有很多种，计算的方式也有很多种，所以利润也是大不相同的。企业实现利润的过程如表 3-2 所示。

表 3-2　企业实现利润的过程

一、营业收入
减：营业成本
税金及附加
减：销售费用
管理费用
财务费用
资产减值损失

加：公允价值变动收益	
投资收益	
其中：对联营企业和合营企业的投资收益	
二、营业利润	
加：营业外收入	
减：营业外支出	
其中：非流动资产处置损失	
三、利润总额	
减：所得税费用	
四、净利润	
五、每股收益	

利润表项目分析如表3-3所示。

表3-3　利润表项目分析

项目	内容	具体说明
营业收入	指企业自身营业活动所取得的收入，包括主营业务收入和其他业务收入。企业取得营业收入是其生产经营业务的最终环节，是企业生产经营成果得到社会承认的重要标志	在明确收入确认条件的基础上，应着重进行以下两个方面的分析：①分析收入确认时间的合法性，即分析本期收入与前期收入或后期收入的界限是否清楚；②分析特殊情况下企业收入的确认
		收入的实现并非只体现在利润表上。由于会计要素之间的联系，考查收入的真实性、合理性，可以借助其与资产负债表、现金流量表中相关项目之间的配比关系进行判断
		收入和利得的界限
		利用非财务信息分析营业收入的真实性和影响企业盈利能力的因素
		对营业收入的构成进行详细分析
营业成本	指企业经营业务所发生的实际成本总额，包括主营业务成本和其他业务成本。营业成本是为取得营业收入所付出的代价，分析成本，可以对企业产品成本水平有所了解，将其与销售价格相对比，还可以分析企业的盈利情况	对主营业务成本进行分析，首先要将主营业务成本与主营业务收入配比，将二者之差除以主营业务收入，即得出一个重要的财务指标——毛利率，并以此结合行业、企业经营生命周期来评价主营业务成本的合理性。若毛利率过低或过高，则需要进一步查明原因

续表

项目	内容	具体说明
营业成本	指企业经营业务所发生的实际成本总额，包括主营业务成本和其他业务成本。营业成本是为取得营业收入所付出的代价，分析成本，可以对企业产品成本水平有所了解，将其与销售价格相对比，还可以分析企业的盈利情况	影响企业营业成本水平高低的因素，既有企业不可控的因素，也有企业可控的因素，还有企业通过成本会计系统的会计核算对营业成本的处理
销售费用	指企业在销售商品和材料、提供劳务的过程中发生的各项费用，包括包装费、运输费、装卸费、保险费、展览费、广告费、商品维修费、预计产品质量保证损失等，以及为销售本企业商品而专设的销售机构（含销售网点、售后服务网点等）的职工薪酬、业务费、折旧费等经营费用	销售费用是一种期间费用。它是随着时间推移而发生的，与当期商品销售直接相关，而与产品的产量、产品的制造过程无直接关系
		从销售费用的功能来分析，有的与企业的业务活动规模有关，有的与企业未来发展、开拓市场、扩大企业品牌的知名度等有关
		从企业管理层对上述各项费用的有效控制来看，管理层可以对诸如广告费、营销人员的薪酬等采取控制或降低其规模的措施
管理费用	指企业组织和管理生产经营活动而发生的各种费用。管理费用也是一种期间费用	管理费用与主营业务收入配比。分析该比率的行业水平以及本企业历史水平，可以考查其合理性。一般认为，费用越低，收益越高，但事实并非如此。企业应当根据企业当前的经营状况、以前各期间水平及对未来的预测来评价支出的合理性
		管理费用与财务预算比较。从成本特性角度来看，企业的管理费用基本属于固定性费用，在企业业务量一定、收入量一定的情况下，应有效地控制、压缩固定性行政管理费用
		管理费用与企业规模（资产总额）配比。资产规模的扩大会提高企业的管理要求，如设备增加、人员扩充等，从而增加管理费用
		财务报表附注中关于关联方交易的披露。这种关联方交易主要是企业向关联企业租入固定资产、无形资产的使用权，以及向上级单位或母公司上交管理费用等，分析时要注意这种交易的真实性、合理性，警惕人为转移企业资产的行为

项目	内容	具体说明
财务费用	指企业为筹集生产经营所需资金而发生的费用，具体包括的项目内容有利息支出（减利息收入）、汇兑差额、支付给金融机构的手续费及企业发生或收到的现金折扣等	应将财务费用分析与企业资本结构分析相结合，观察财务费用的变动源于企业短期借款还是源于长期借款
		应关注购销业务中发生的现金折扣情况，关注企业应当取得的购货现金折扣是否都已经取得，若存在大量没有取得的现金折扣，应判断企业现金流是否紧张
资产减值损失	指企业计提各项资产减值准备所形成的损失	资产减值损失分析的作用在于，通过资产减值损失的规模大小及减值率可以分析和评价企业资产管理的质量和盈余管理倾向
		结合财务报表附注，了解资产减值损失的具体构成情况，即企业当年主要是哪些项目发生了减值
		结合资产负债表中有关资产项目，考查有关资产减值的幅度（减值率），从而对合理预测企业未来财务状况提供帮助
		将当期各项资产减值情况与企业以往情况、市场情况及行业水平配比，以评价过去，掌握现在，分析其变动趋势，预测未来
公允价值变动收益	指企业以各种资产，如投资性房地产、债务重组、非货币交换、交易性金融资产等公允价值变动形成的应计入当期损益的利得或损失，即公允价值与账面价值之间的差额。该项目反映了资产在持有期间因公允价值变动而产生的损益	新准则规定公允价值变动损益对于交易性金融资产出售时，之前计入公允价值变动损益的不转投资收益
投资收益	指企业以各种方式对外投资所取得的收益（或发生的损失）	投资收益是一种间接获得的收益。投资是通过让渡企业的部分资产来换取另一项资产的行为，即通过其他单位使用投资者投入的资产所创造的效益而分配取得的，或通过投资改善贸易关系等手段达到获取利益的目的
		投资收益与有关投资项目配比，即要求投资收益应与企业对外投资的规模相适应。一般投资收益率应高于同期银行存款利率，只有这样才值得企业对外投资

续表

项目	内容	具体说明
投资收益	指企业以各种方式对外投资所取得的收益（或发生的损失）	投资收益核算方法的正确性。如长期股权投资有成本法和权益法两种核算方法
		警惕某些企业利用关联交易"制造"投资收益。这样的投资收益往往质量不高，甚至有欺骗投资者的嫌疑
		投资收益的持久性。在我国的新企业会计准则中，投资收益包括长期股权投资收益和金融资产投资收益。一般而言，长期股权投资所取得的投资收益是企业在正常的生产经营中所取得的可持续投资收益
营业利润	指企业从营业中获得的利润	企业的营业利润代表了企业的总体经营水平和效果。通常，营业利润越大的企业，效益越好
营业外收入	指企业发生的与其日常活动无直接关系的各项利得，主要包括非流动资产处置利得、盘盈利得、捐赠利得、确实无法支付而按规定程序经批准后转作营业外收入的应付款项等	营业外收入是一项利得。此项收入不具有经常性，但对企业业绩的影响也不可小觑
		作为利得，营业外收入与营业外支出不存在配比关系
营业外支出	指企业发生的与其日常活动无直接关系的各项损失，包括非流动资产处置损失、盘亏损失、公益性捐赠支出、非常损失等	是否是企业的经营管理水平较低
		是否为通过关联方交易来转移企业资产
		是否有违法经营行为，如违反经济合同、滞延纳税、非法走私商品
		是否有经济诉讼和纠纷等
净利润	指利润总额减去所得税费用后的余额，是企业经营业绩的最终结果，也是企业利润分配的源泉	在分析净利润增长率时应结合主营业务收入增长率给予评价。净利润增长率高于主营业务收入增长率，表明企业主营业务的盈利能力在不断提高，企业具有良好的发展前景

下面通过一个案例来区分资产负债表与利润表项目的区别。

在刚刚设立的第一年里，某公司一共发生了 13 项经济活动。这 13 项经济活动包括经营活动、投资活动和筹资活动，涉及债权融资、股权融资、采购、生产、研发、管理等各个方面，并在资产负债表列示。该公司 2020 年 12 月 31 日资产负债表（简表）如表 3－4 所示。

表3-4 资产负债表（简表）

某公司　　　　　　　　　　2020年12月31日　　　　　　　　　单位：万元

资产		负债和所有者权益	
流动资产		流动负债	
货币资金	6 000	短期借款	8 000
应收账款	1 000	应付账款	1 000
预付款项	500	应付职工薪酬	0
存货	1 000（5 000-4 000）		
流动资产合计	8 500	流动负债合计	9 000
非流动资产		非流动负债	
固定资产	6 000	长期借款	0
无形资产	200	应付债券	0
长期股权投资	0	非流动负债合计	0
流动资产合计	6 200	所有者权益	
		实收资本	5 000
		资本公积	0
		盈余公积	0
		未分配利润	700（900-200）
资产总计	14 700	负债和所有者权益总计	14 700

这13项经济活动实际上是企业正常经营情况的缩影，代表了一个企业正常经营过程中发生的各种各样的经济行为。

下面，通过分析该公司经济活动对财务报表（资产负债表和利润表）具体项目的影响，来区分利润表和资产负债表的项目。

假设该新成立公司进行的13项经济活动如下。

（1）2020年年初设立公司，股东投资5 000万元现金。

（2）向银行借款8 000万元，作为营运资金，借款期限为半年。

（3）建造办公楼、厂房，购买生产设备、办公家具、车辆，共花费6 000万元，以银行存款支付。

（4）获取一块土地的使用权，支付金额200万元。

（5）采购原材料花费3 000万元，到2020年12月31日止，共支付2 000万元现金，剩余部分在2021年支付。

（6）生产出一批产品，产品成本为5 000万元。其中，使用的原材料价值为3 000万元；发生了人工费和其他支出2 000万元，以现金支付。

（7）销售产品收入 6 000 万元，生产成本 4 000 万元。到 2020 年 12 月 31 日止，收到 5 000 万元现金，其余部分在下一年度收到。

（8）为下一年采购原材料预付 500 万元。

（9）研发部门当期花费 100 万元成功地研制出用低成本进行污染处理的技术。

（10）支付管理人员工资和行政开支共 200 万元，支付销售人员工资和外地销售分公司开支共 300 万元。

（11）支付银行利息 200 万元。

（12）支付所得税 300 万元。

（13）分配现金股利 200 万元。

公司开张：资金到位、采购资产。

第一项经济活动，公司设立，股东投入 5 000 万元。在资产负债表上，以实收资本 5 000 万元、货币资金 5 000 万元列支。那么在资产负债表上，即使只记录了一笔经济活动，依然满足会计恒等式：资产 ＝ 负债 ＋ 所有者权益。

第二项经济活动，向银行借款 8 000 万元。由于借款时间少于一年，在资产负债表上列入 "短期借款" 项目。那么同时增加货币资金 8 000 万元、短期借款 8 000 万元。第二项经济活动结束，资产负债表项目中，货币资金为 13 000（5 000＋8 000）万元，短期借款为 8 000 万元，实收资本为 5 000 万元。同样满足会计恒等式：资产 ＝ 负债 ＋ 所有者权益。

第三项经济活动，支付 6 000 万元购买厂房、设备等。于是 6 000 万元货币资金变成固定资产，资产总额没变，资产结构变化。货币资金减少 6 000 万元，固定资产增加 6 000 万元。

第四项经济活动，花费 200 万元换取土地使用权。于是 200 万元货币资金变成无形资产。货币资金减少 200 万元，无形资产增加 200 万元。

生产成本：原材料、人工、水电。

第五项经济活动，采购原材料。一共采购了 3 000 万元的原材料，只支付了 2 000 万元，那么这项活动如何影响资产负债表呢？

增加 3 000 万元的原材料，就是增加 3 000 万元的存货，同时这家公司支付了 2 000 万元给供应商，货币资金减少 2 000 万元，同时欠供应商 1 000 万元的应付账款，这是一笔负债。很显然，在第五项经济活动之后，存货增加 3 000 万元，货币资金减少 2 000 万元，负债增加 1 000 万元。仍然满足会计恒等式：资产 ＝ 负债 ＋ 所有者权益。

第六项经济活动，用3 000万元的原材料生产产品，并用货币资金支付员工工资2 000万元。在这项经济活动中，原材料存货减少3 000万元，货币资金减少2 000万元，产品存货增加5 000万元。

有一点需要特别注意，生产产品的过程要付出生产成本，生产成本包括原材料、人工费、水电费、固定资产折旧、无形资产摊销等。既然生产成本也是成本，为什么不记入利润表项目，而记入资产负债表呢？

既然记入资产负债表的成本是生产成本，那么利润表上的成本又是什么成本呢？利润表上的成本是营业成本，也就是说，体现在资产负债表上的产品存货，变成利润表上的营业成本。

这就是生产成本一步步从资产负债表到利润表的过程：记入资产负债表的存货，随着产品被卖掉，生产成本便反映在利润表上的营业成本中。

销售活动对财务报表的影响。

第七项经济活动是卖出产品。销售总收入是6 000万元，也就是营业收入为6 000万元，而不仅仅是收到的5 000元。

在资产负债表上，货币资金增加5 000万元，剩余1 000万元属于应收账款。同时，由于已卖出产品的成本为4 000万元，因此资产负债表上减少的存货也是4 000万元。与此同时，这4 000万元结转为利润表上的营业成本4 000万元。

那么，第七项活动对资产负债表各项目都有哪些具体影响？

货币资金增加了5 000万元，存货减少了4 000万元，应收账款增加了1 000万元。这3个项目都对公司资产产生了影响，很显然，这家公司资产增加了2 000万元。

计算过程：5 000+1 000-4 000=2 000（万元）。

在这种情况下，公司资产增加2 000万元，负债没有变化，那么所有者权益增加2 000万元。也就是说，未分配利润增加2 000万元，这样才能保证会计恒等式的平衡。

第八项活动是预付款业务。预付500万元货币资金，得到了向供应商收货的权利。这是一项简单的交易，资产总额不变，只是货币资金变成了预付款项。

研发费用对财务报表的影响。

第九项经济活动是投入研发费用。这100万元的研发支出被记录在管理费用中，也就是说，资产负债表上的100万元货币资金，变成利润表上的100万元管理费用。

财务报表诞生：销售开支、付息、缴税、分红。

第十项经济活动，公司共支出600万元向销售人员和管理人员等支付工资，货币资金减少 500 万元，管理费用增加 200 万元，销售费用增加 300 万元。这里要与生产部门管理人员的工资进行区分，生产部门管理人员的工资计入生产成本。

第十一项经济活动，支付 200 万元利息。该利息记入财务费用，同时货币资金减少 200 万元。

第十二项业务是上缴所得税 300 万元，体现在利润表上，也是一项费用——所得税费用。

第十三项业务是分配现金股利 200 万元，体现在资产负债表上，是所有者权益的变动。

公司营业收入扣除营业成本、管理费用、销售费用、财务费用、所得税费用后，净利润为 900 万元。

我们来看 900 万元的计算过程。公司营业收入为 6 000 万元，生产成本为 4 000 万元，毛利为 2 000 万元。接下来扣除 300 万元的销售费用、300 万元的管理费用、200 万元的财务费用，得出公司利润总额为 1 200 万元，再扣除 300 万元的所得税费用，净利润为 900 万元。

该公司利润表（简表）如表 3-5 所示。

表 3-5　利润表（简表）

单位：万元

项目		本期发生额
收入	一、营业总收入	6 000
	其中：销售收入	6 000
支出	二、营业总成本	4 800
	其中：营业成本 　　　销售费用 　　　管理费用 　　　财务费用	4 000 300 300（100+200） 200
利润	三、营业利润	1 200
	四、利润总额	1 200
	减：所得税费用	300
	五、净利润	900

这样，通过分析该公司的13项基本业务，我们推导出了财务报表的数据，并完成了财务报表的填写。

3.1.3　现金流量表项目分析

与资产负债表、利润表相比，现金流量表较简单。它直到1988年才出现在财务报表中，简单地记录企业账上真实的资金流动，即进来多少资金，出去多少资金。这张表可以用于判断企业的变现能力和支付能力甚至生存及发展能力。

理解现金流量表，先来看什么是现金流。

现金流，就是企业现金的流入与流出。企业收到了资金，叫作现金的流入；企业付出了资金，叫作现金的流出。其实，这有点像我们日常生活的流水账。

现金流量表的作用在于，现金流量表可以概括反映经营活动、投资活动和筹资活动对企业现金流入和现金流出的影响，有助于分析和评价企业的利润、财务状况及财务管理水平。其作用如图3-3所示。

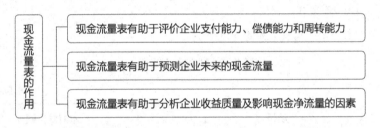

图3-3　现金流量表的作用

现金流量表是以收付实现制为基础编制的，揭示了一定时期内现金流量的状况。分析现金流量表，可以达到图3-4所示的目的。

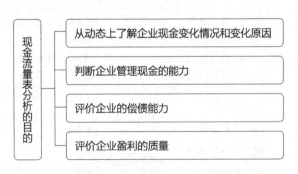

图3-4　现金流量表分析的目的

对一家企业来说，它有哪些现金流入和流出呢？我们知道，企业的现金流，分为经营、投资、筹资三大类活动的现金流。作为一家企业，其经营活动有哪些现金流入和流出的渠道呢？

（1）经营活动的现金流向

与企业生产经营活动相关的现金流，比如销售商品、提供劳务会使企业获得一些现金，这是一项经营活动的现金流入。而企业采购原材料，支付员工工资、福利，缴税等，这些活动导致现金的流出。Y 企业 2020 年经营活动产生的现金流量如表 3-6 所示。

表 3-6　经营活动产生的现金流量

项目	金额（万元）
一、经营活动产生的现金流量：	
销售商品、提供劳务收到的现金	1 000
现金流入小计	1 000
购买商品、接受劳务支付的现金	300
支付给职工的现金	100
支付的所得税	100
支付其他与经营活动有关的现金	200
现金流出小计	700
经营活动产生的现金流量净额	300

在有些情况下，缴税也会引起企业现金流入。这是怎么回事？

这是因为这家企业得到了一些税款返还。比如，税务局鼓励纳税人的经济活动而给予的税款返还，通常包括出口退税、再投资退税、复出口退税、溢征退税等多种形式。

（2）投资活动的现金流向

企业的投资有两种：一种是对内投资，也就是把资金投给自己的企业；另一种是把资金投资给其他企业，也就是对外投资。对外投资的形式有多种，比如购买其他企业的股票和债券，或者成立子公司、合营企业。但是，无论是对内投资还是对外投资，都会有现金流出，这就是投资活动的现金流出。Y 企业 2020 年的投资活动产生的现金流量如表 3-7 所示。

表 3-7　投资活动产生的现金流量

项目	金额（万元）
二、投资活动产生的现金流量：	
购建固定资产所支付的现金	300
对外投资产生的现金流量	180
投资活动产生的现金流量净额	120

注：表中（　）是表示该值是负值，后同。

现金有流出，自然也会有流入，投资活动也不例外。现金流入的情况，包括企业变卖资产，或者取得投资收益，即来自被投资企业的分红等。

（3）筹资活动的现金流向

最后一类是筹资活动的现金流。对企业来说，融资有两种类型——股权融资和债权融资。这两种形式的融资，一定会有现金的流入，并同时伴随现金的流出。比如股权融资，企业要向股东分红；债权融资企业要还本付息。Y 企业 2020 年的筹资活动产生的现金流量如表 3-8 所示。

表 3-8　筹资活动产生的现金流量

项目	金额（万元）
三、筹资活动产生的现金流量：	
吸收权益性投资收到的现金	0
借款收到的现金	300
现金流入小计	300
偿还借款支付的现金	50
分配股利支付的现金	100
偿付利息支付的现金	50
现金流出小计	200
筹资活动产生的现金流量净额	100

在筹资活动中，还有一些特殊的项目，比如融资租赁。从本质上来说，它是一种分期付款的购买行为。也就是说，企业签订了融资租赁合同，就意味着企业需要把未来的租金确认为一笔负债，而支付租金，就意味着偿还负债的现金流出。

通过以上三类活动的现金流向，我们可以计算出 Y 企业 2020 年现金的净增加额（净现金流）。Y 企业 2020 年净增加额如表 3-9 所示。

表 3-9　净增加额

项目	金额（万元）
经营活动产生的现金流量净额	300
投资活动产生的现金流量净额	120
筹资活动产生的现金流量净额	100
四、净增加额	280

现金流量表的结构如表 3-10 所示。

表 3-10　现金流量表的结构

现金流方向	经营活动	投资活动		筹资活动	
—	主营业务	对内投资	对外投资	债权融资	股权融资
流入	销售、税收	处置资产	投资收益	融资	融资
流出	人工、采购、税收	构建资产	投入	还本付息	分红

接下来以 S 白酒企业为例，来说明现金流量表中的三个部分，如表 3-11 所示。

表 3-11　S 白酒企业近 5 年现金流量表

单位：亿元

项目	2016 年	2017 年	2018 年	2019 年	2020 年
经营活动产生的现金流量净额（来自利润表）	130	130	170	380	220
投资活动产生的现金流量净额（来自资产负债表左边）	（60.5）	（48）	（25）	（15）	（14）
筹资活动产生的现金流量净额（来自资产负债表右边）	（70.2）	（50）	（50）	（85）	（86）
净现金流（经营＋投资＋筹资）	（0.7）	32	95	280	120

1. 经营活动产生的现金流量

经营活动产生的现金流量是以利润表的净利润为基础，将不是真正现金支出的折旧费用和分期摊销费用加回来，经过计算得到的。这里需要说明一点，经营活动包括主营业务活动和其他业务活动。

一家企业到底是有资金入账还是赤字亏损，通过这个指标一目了然。

S 白酒企业近 5 年的经营活动现金流量基本上是递增的，2020 年，企业赚取 220 亿元。如果一家企业经营活动产生的现金流量为负值，则说明这家企业营业流入小于流出。

也就是说，企业销售收入和其他收入不抵企业日常开支（购买原材料、支付销售人员和管理人员工资、偿还银行贷款利息等），即入不敷出。

2.投资活动产生的现金流量

一般情况下，投资活动产生的现金流量多为负值。

根据S白酒企业近5年的数据来看，投资活动产生的现金流量均是负值，表明S白酒企业为了持续经营，不断投资更多机械、厂房等资产，以期为企业创造更多收入。这可理解为这家企业看好自己的行业和前景发展，所以持续加大投资，以满足未来成长所需。

投资活动，因为涉及资产类项目，所以这项数据来源于资产负债表的左边。

3.筹资活动产生的现金流量

筹资活动产生的现金流量为正，表示企业筹资活动的现金流入大于流出，也就是企业不管是向股东（向内）借还是向银行（向外）借，都借到了资金。

通过表3-11中数据可以看到，近5年S白酒企业筹资活动产生的现金流量均为负，表示S白酒企业对银行还款或者对股东分红了，或者两种情况都有。

实际上S白酒企业2020年还款、分红共计86亿元。

这项数据来源于资产负债表的右边。

现金流量表与其他报表的关系如图3-5所示。

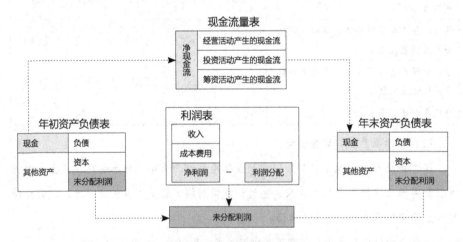

图3-5 现金流量表与其他报表的关系

无论是单位还是个人，都应该有足够的现金储备，并妥善管理好自己手里的现金，避免资金链断裂带来的负面影响。

现金流不足给企业带来的影响，与现金流的流向密切相关：影响企业经营与资信；影响企业筹资决策；影响企业投资决策。可见，现金流充足对企业良性发展至关重要。

3.1.4　所有者权益变动表项目分析

在资产负债表中，我们对资产、负债和所有者权益的关系以及所有者权益的构成，都已经有了比较深入的了解。所有者权益的各具体内容在一定期间的变动原因和相对应的金额构成了所有者权益变动表。

所有者权益是资产负债表的主要内容之一，是企业归属于所有者的权益，是企业价值的体现，所以从金额以及意义上来说有着非常重要的地位。

资产负债表上已经列示了某个时点所有者权益的期末和期初的金额，但我们只能看到其从某个金额变化到另一个金额，至于变动的具体原因却无从得知。所以，我们需要一张反映所有者权益变动的报表。

作为一个好的投资人和管理者，不但要能企业三大财务报表，还要看第四张报表——所有者权益变动表。

那么，什么是所有者权益变动表？

关于所有者权益变动表的概念，《企业会计准则》指出，所有者权益变动表是反映构成所有者权益的各组成部分当期的增减变动情况的报表，要求和三大财务报表同时披露，连同财务报表附注共同对外提供关于企业经营状况的整体信息。

小王奶茶店的所有者权益情况变化如表 3-12 所示。

表 3-12　小王奶茶店的所有者权益情况变化

小王奶茶店　　　　　　　　　2020 年 12 月 31 日　　　　　　　　　单位：万元

所有者权益	本期	上期
实收资本（股本）	30	20
资本公积	30	20
盈余公积	12	6
未分配利润	10	5
所有者权益总额	82	51

从表 3-12 可以得知，2020 年 12 月 31 日所有者权益总额比上年同期增加了 31 万元，那么这 31 万元从何而来？

要想知道企业所有者权益变动的具体原因，只对比不同时期的资产负债表是没有成效的，所以要用所有者权益变动表，以获悉相关变动的详细数据。

（1）为什么所有者权益如此重要

一般来讲，企业的所有者权益不如其他几个会计要素变动的频繁。资产、负债、收入、费用等会计要素一旦变动，则关系到企业资本和利润等方面的变化，从而关系到企业的价值变化以及未来的存续基础。

所有者权益代表企业全部资产中归属于投资者的份额，代表企业价值。投资者应该关注所有者权益的变化，也应该重视反映所有者权益各组成部分增减变动明细的所有者权益变动表。

通过所有者权益变动表，报表使用者不但可以获悉所有者权益总额增减变动的整体信息，还可以详细了解所有者权益各组成部分增减变动的详细信息，并通过这些内容深刻了解企业所有者权益变动的根源。

（2）增减变动的来源

既然所有者权益变动表是反映构成所有者权益的各组成部分增减变动情况的报表，其组成要素就是各组成部分增减变动的具体来源和金额。增减变动的来源有哪些呢？

所有者权益具体包括实收资本（股本）、资本公积、盈余公积和未分配利润 4 项。而在这几个项目之间发生的事项则属于所有者权益内部结转的内容，如用资本公积、盈余公积转增资本，用盈余公积弥补亏损等。

概括地说，所有者权益增减变动的来源主要分为年初余额变动与本年增减变动两大类。一般来说，本年年初余额应该与上年年末余额相等，但由于以下两点因素，也有可能会产生差异。

第一，会计政策变更。企业所采用的会计政策发生变化，导致核算办法不同，引起所有者权益本年年初余额发生变化。比如，企业以前采用企业会计制度，后来按要求统一实行《企业会计准则》规定的核算办法，那么这种所有者权益的不同就是会计政策变更引起的。

第二，前期差错更正。差异为前期发生的错误，在本期才发现而进行更正的数额。因为是前期发生的错误，没有办法变更以前的财务报表，所以要要改下一年的年初数，视同从错误发生当期已经更正，也就是说，下一年的年初数已经是正确的数额。

例如，2019 年收到投资者投入的一台设备，当时计价为 100 万元。到 2020 年 2 月发现，因为提供的资料不完备，设备在 2019 年的入账价值不准确，实际价值应为 120 万元。那么 2020 年的所有者权益变动表就应该在"前期差错更正"项目相对应的"本年金额"列下的"实收资本（或股本）"栏记录该投入设备所错记的金额为 20 万元。

（3）所有者权益变动表与其他报表的勾稽关系

本年所有者权益的增减变动主要是列述本年所有者权益是因什么而发生增减变动的，是什么原因使当初投入的初始资金增多了，又是因什么而减少了，最终又变成了多少。这些是投资者较为关心的部分。

①投资者投入和减少资本。

投资者向企业投入资本会增加企业的所有者权益，而投资者撤资，则会减少企业的所有者权益。

②净利润。

当期实现的净利润是形成当期所有者权益的主要内容。净利润是正数时，金额越高，所有者权益也就越高，企业的价值自然会增长；而净利润为负数时，企业的所有者权益随之减少。

③利润分配。

企业赚取的利润总是要花的，那么给谁花以及花多少，就是利润分配要解决的问题，即将企业利润按照规定和顺序分配。

提取盈余公积，即从企业利润中提取一部分作为储备，待企业日后使用。该事项不会使企业所有者权益总额发生变化，但属于利润分配的一部分，所有者权益的明细项目会发生变化，即净利润减少，盈余公积增多。

向股东分配未分配利润。如果支付的是现金股利，则所有者权益总额会减少；如果支付的是股票形式的股利，则所有者权益总额的内部结构会发生变化。

所有者权益变动表，列示了所有者权益增减变动的具体来源、项目和金额，使所有者权益总额以及各组成部分的变动原因一目了然、清晰有序，便于财务报表使用者获取关于企业所有者权益的相关信息。

案例　获利的企业为什么会倒闭

企业的利润来源，除了有主营业务收入、营业外收入，还有投资收益。它们发生的频率和企业经营有关。利润表收入项目发生的频率如表 3-13 所示。

表 3-13　利润表收入项目发生的频率

	主营业务收入	营业外收入	投资收益
是否经常发生	经常发生	偶尔发生	偶尔发生
和企业经营的相关性	相关	不相关	不相关

如果企业的营业外收入和投资收益占的比例较大，投资者就要注意，投资这样的企业可能会遭受较大损失。因为这两项收入不稳定，且与主营业务不相关。

主营业务收入占比较大，说明企业"很干净"。

赊销模式：净利润不等于现金流。

企业的收入扣除成本、费用、税收等后，才是净利润，但净利润不等于现金流。

我国大部分企业的业务都采用合同制管理，根据合同条款和期限收付款。一家企业销售产品，一般先签合同，收到一笔款（非全款）就发货，而其余货款根据合同约定收取（甚至可能无法收取）。这跟赊销类似。

虽然企业没有收到货款，但是这笔合同的交易，是要记入"企业营业收入"的。

所以，一定要注意，净利润≠现金流。

虽然利润表可以反映一家企业是获利还是亏损，但是这只是一个预估的概念，也就是我们常说的报表上的利润和亏损。实际上报表上算出来的净利润，不等于现金流，即使获利的企业也可能会倒闭。

获利的企业也可能倒闭，比如下面的案例。

突然有一天，你发现你经常去吃饭的 M 记餐厅倒闭了。你感到很奇怪，每次来这里吃饭或打包都要排长队，为什么一家看着生意很好的店就这样倒闭了呢？原来，这家 M 记餐厅大部分的顾客是附近一家直播企业的员工。这家企业与 M 记餐厅签订了合同，他们企业员工的午餐费按月结算。

换句话说，这些排队吃饭的人不直接付款，采用赊账的方式。所以，虽然 M 记餐厅账面上的营业收入很高，但是实际收到的资金很少。看着生意这么好，M 记餐厅的总经理心里正盘算着年底可以再开一家分店了。结果一算账，M 记餐厅的总经理才发现已经连房租都交不起了。他去附近的那家直播企业收款，对方却告诉他，企业正在做资产清算，这笔餐费给不了，M记餐厅因此倒闭了。

这个故事告诉我们什么？净利润≠现金流，获利的企业也可能会倒闭。

M记餐厅总经理很郁闷，明明利润表显示获利，但是他苦心经营换来的是倒闭。难道财务人员做假账了吗？当然不是。原因在利润表自身。

我们看利润表就知道，第一个项目就是营业收入。那这个数值是确定的，还是不确定的？

是不确定的！

因为大部分企业采用的都不是现金交易方式，因此即使这个企业一个月有300万元的营业收入，可能也会因为质量问题被客户要求退货或者要求给予销售折让，进而减少利润表中营业收入的数额。

会计原理采用权责发生制。在会计实务中，大多数企业的记账基础都是权责发生制，而非收付实现制。

权责发生制，就是产品交付给客户后，不管有没有收到货款，这笔交易都会被记录下来。交易发生后，只有收到货款时才记账，叫作收付实现制。因此，利润表上营业收入的金额，不是100%确定的。

也就是说，利润表上的净利润不等于现金流。很多人看利润表只看它的净利润，并以此来判断企业是否获利，甚至有人有这样的疑问：企业今年获利这么多，为什么不多发点奖金呢？到底是怎么回事？

真正的原因在于，除了大环境不好，企业为未来做打算，会预留更多盈余以备不时之需。其实最主要的误解在于，他们认为净利润等于现金流，认为账面上的净利润就是企业盈余的现金。然而，净利润并不等于现金流。利润表上的净利润，只代表一段时间企业的获利或者亏损金额，而不是真正的现金流。因此，一家企业利润表显示获利，并不等于企业有很多现金流。而且，大多数企业的营业收入并不是现金收入。赊销存在账期问题，所以利润表上企业收入大增、净利润增加，不代表企业有很多现金可以发奖金。

3.2 企业能力分析

企业能力分析是指对企业的关键能力进行识别并进行有效性、强度，特别在竞争性表现上的分析。企业关键能力，包括偿债能力、盈利能力、营运能力、发展能力等。

对这些能力进行分析，目的是帮助企业决策者确定企业战略。如果企业战略已经落实，再进行企业能力分析的目的就是重新衡量战略落实的可能性，并判断是否需要修订战略，或用以决策企业是否需要通过一些手段提升能力。

3.2.1 企业偿债能力分析

企业的偿债能力是指企业用其资产偿还长期债务与短期债务的能力。企业有无支付货币资金的能力和偿还债务能力，是企业能否生存和健康发展的关键。

企业偿债能力分析的特点如图 3-6 所示。

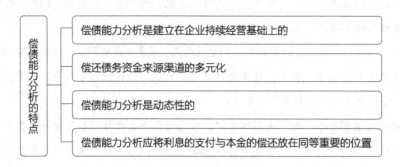

图 3-6 企业偿债能力分析的特点

企业的债务按时间长短可分为短期债务和长期债务，偿债能力分析亦分为短期偿债能力分析和长期偿债能力分析。企业偿债能力分析的分类如图 3-7 所示。

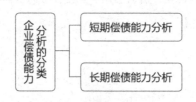

图 3-7 企业偿债能力分析的分类

企业短期偿债能力与长期偿债能力既相互统一，又有显著区别；既有共性，又有特殊性。正确理解两种偿债能力的关系，有利于客观地分析、评价企业的偿债能力，提高财务决策的准确性。短期偿债能力和长期偿债能力的关系如表 3-14 所示。

表 3-14 短期偿债能力和长期偿债能力的关系

项目	具体内容
联系	企业的长期债务只是一种静态的划分，随着时间的推移，长期债务也会变成短期债务；而部分短期债务也可能为企业长期使用，变成企业的长期债务
	无论是短期偿债能力还是长期偿债能力，都取决于企业的经济效益
	短期偿债能力和长期偿债能力都有保证企业及时有效偿付债务的共同特征
区别	短期偿债能力反映企业保证有效偿付短期债务的程度，长期偿债能力反映企业保证有效偿付未来到期债务的能力
	短期偿债能力所涉及的债务偿付一般是企业的流动性支出，长期偿债能力所涉及的债务偿付一般是企业的固定性支出
	短期债务的物质承担者是企业的流动资产，流动资产的量和质是企业短期偿债能力的决定因素；长期偿债能力的物质承担者是企业资金结构与盈利水平

企业偿债能力分析指标如下。

（1）流动比率

流动比率，表示每 1 元流动负债有多少流动资产作为偿还的保证，反映企业流动资产对流动负债的保障程度。其计算公式如下。

$$流动比率 = 流动资产合计 \div 流动负债合计 \times 100\%$$

一般情况下，该指标越大，表明企业短期偿债能力越强。通常，该指标在 200% 左右较好。

在运用该指标分析企业短期偿债能力时，还应结合存货规模、周转速度、变现能力和变现价值等指标进行综合分析。如果某一企业虽然流动比率很高，但其存货规模大，周转速度慢，有可能造成存货变现能力弱、变现价值低，那么，该企业的实际短期偿债能力就要比指标反映的弱。

（2）速动比率

速动比率，表示每 1 元流动负债有多少速动资产作为偿还的保证，反映企业速动资产对流动负债的保障程度。其计算公式如下。

$$速动比率 = （流动资产合计 - 存货净额）\div 流动负债合计 \times 100\%$$

一般情况下，该指标越大，表明企业短期偿债能力越强。通常，该指标在

100%左右较好。

在运用该指标分析企业短期偿债能力时，应结合应收账款的规模、周转速度和其他应收款的规模，以及它们的变现能力进行综合分析。如果某企业虽然速动比率很高，但应收账款周转速度慢，且应收账款与其他应收款的规模大，变现能力弱，那么该企业真实的短期偿债能力要比该指标反映的弱。

由于预付账款、待摊费用、其他流动资产等指标的变现能力弱或无法变现，所以，如果这些指标规模过大，那么在运用流动比率和速动比率分析企业短期偿债能力时，还应剔除这些项目的影响。

（3）现金比率

现金比率，表示每1元流动负债有多少现金及现金等价物作为偿还的保证，反映企业可用现金及变现方式清偿流动负债的能力。其计算公式如下。

$$现金比率 =（货币资金 + 交易性金融资产）÷ 流动负债合计 ×100\%$$

该指标能真实地反映企业实际的短期偿债能力。该指标值越大，说明企业的短期偿债能力越强。

（4）资本周转率

资本周转率，是可变现的流动资产与长期负债的比例，反映企业清偿长期债务的能力。其计算公式如下。

$$资本周转率 =（货币资金 + 短期投资 + 应收票据）÷ 长期负债合计 ×100\%$$

一般情况下，该指标值越大，表明企业近期的长期偿债能力越强，债权的安全性越好。由于长期负债的偿还期限长，所以，在运用该指标分析企业的长期偿债能力时，还应充分考虑企业未来的现金流入量、盈利能力和盈利规模。如果企业的资本周转率很高，但未来的发展前景不乐观，即未来可能的现金流入量少，盈利能力弱，且盈利规模小，那么，企业实际的长期偿债能力将变弱。

（5）清算价值比率

清算价值比率，是企业有形资产与负债的比例，反映企业清偿全部债务的能力。其计算公式如下。

$$清算价值比率 =（资产总计 - 无形及递延资产合计）÷ 负债合计 ×100\%$$

一般情况下，该指标值越大，表明企业的综合偿债能力越强。

由于有形资产的变现能力和变现价值受外部环境的影响较大且很难确定，所以运用该指标分析企业的综合偿债能力时，还需充分考虑有形资产的质量及市场需求情况。如果企业有形资产的变现能力弱、变现价值低，那么企业的综合偿债能力就可能会比较弱。

（6）利息支付倍数

利息支付倍数，是息税前收益与利息费用之比，反映企业负债经营的财务风险程度。其计算公式如下。

$$利息支付倍数 =（利润总额 + 财务费用）÷ 财务费用$$

一般情况下，该指标值越大，表明企业利息偿付能力越强，负债经营的财务风险越小。

由于财务费用包括利息收支、汇兑损益、手续费等项目，且还存在资本化利息，所以在运用该指标分析利息偿付能力时，最好将财务费用调整为真实的利息净支出，这样该指标反映企业的利息偿付能力才比较准确。

3.2.2 企业盈利能力分析

盈利能力分析是财务分析中的一项重要内容。企业经营的主要目标是实现盈利。盈利能力通常是指企业在一定时期内赚取利润的能力。盈利能力分析的根本目的是通过分析及时发现问题，改善企业财务结构，提升企业偿债能力、营运能力，最终提升企业的盈利能力，促进企业持续稳定地发展。

企业盈利能力分析者关注的内容如图 3-8 所示。

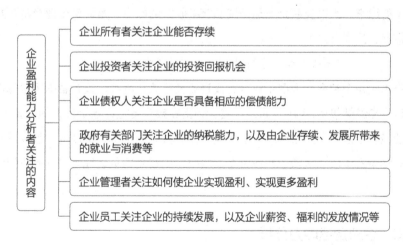

图 3-8 企业盈利能力分析者关注的内容

分析企业盈利能力时，往往更多地考虑相对值指标。相对值指标一般用各种比率指标进行反映。反映企业盈利能力的比率指标很多，常用的有以下几种。

（1）主营业务净利润率

主营业务净利润率是企业净利润与主营业务收入净额的比率，计算公式为：

$$主营业务净利润率 = 净利润 ÷ 主营业务收入净额 × 100\%$$

$$净利润 = 利润总额 - 所得税费用$$

主营业务净利润率是反映企业盈利能力的一项重要指标，这项指标越高，说明企业从主营业务中获取利润的能力越强。影响该指标的因素较多，主要有商品质量、成本、价格、销售数量、期间费用及税金等。

（2）资产净利润率

资产净利润率，又叫资产报酬率、投资报酬率或资产收益率，是企业在一定时期内的净利润和资产平均总额的比率，计算公式为：

$$资产净利润率 = 净利润 ÷ 资产平均总额 × 100\%$$

$$资产平均总额 = （期初资产总额 + 期末资产总额）÷ 2$$

资产净利润率主要用来衡量企业利用资产获取利润的能力，反映企业总资产的利用效率，表示企业每单位资产能获得净利润的数量。这一比率越高，说明企业全部资产的盈利能力越强。该指标与净利润正相关，与资产平均总额负相关。

（3）资本收益率

资本收益率又称资本利润率，是指企业净利润（即税后利润）与实收资本（或股本）的比率，用以反映企业运用资本获得收益的能力，是评价企业经济效益的一项指标，计算公式为：

$$资本收益率 = 净利润 ÷ 实收资本（或股本）× 100\%$$

资本收益率越高，说明企业自有投资的经济效益越好，投资者的风险越低，值得投资和继续投资。因此，它是投资者和潜在投资者进行投资决策的重要依据。对企业经营者来说，如果资本收益率高于债务资金成本率，则适度负债经营是有利的；如果资本收益率低于债务资金成本率，则过高的负债经营将损害投资者的利益。

3.2.3　企业营运能力分析

企业营运能力，主要指企业营运资产的效率与效益。企业营运资产的效率是指资产的周转率或周转速度等；企业营运资产的效益通常是指企业的产出量与资产占用量之间的比率。

企业营运能力分析就是通过对反映企业资产营运效率与效益的指标进行计算与分析，评价企业的营运能力，为企业提高经济效益指明方向。企业营运能力分析的目的如图 3-9 所示。

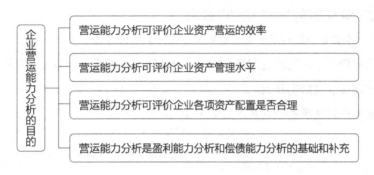

图 3-9　企业营运能力分析的目的

企业营运能力分析主要包括全部资产营运能力分析、流动资产营运能力分析、固定资产营运能力分析三个方面。

（1）全部资产营运能力分析

全部资产营运能力分析就是要对企业全部资产的营运效率进行综合分析。全部资产营运能力分析包括以下几方面。

①反映全部资产营运能力的指标计算与分析。

全部资产营运能力是指投入或使用全部资产取得产出的能力。由于企业的总产出，一方面从生产能力角度考虑，可以总产值表示；另一方面从满足社会需要角度考虑，可用总收入表示。因此，反映全部资产营运能力的指标主要有全部资产产值率、全部资产收入率和全部资产周转率。

第一，全部资产产值率是指企业总产值与平均总资产的比率。其计算公式如下。

$$全部资产产值率 = 总产值 \div 平均总资产 \times 100\%$$

在一般情况下，该指标值越高，说明企业资产的投入产出率越高，企业全部资产营运状况越好。企业总产值往往既包括完工产品产值，又包括在产品产值；既包括已销售商品的产值，又包括库存商品的产值。

第二，全部资产收入率是指总收入与平均总资产的比率。其计算公式如下。

$$全部资产收入率 = 总收入 \div 平均总资产 \times 100\%$$

该指标反映了企业收入与资产占用之间的关系。通常，全部资产收入率越高，企业全部资产营运能力越强、营运效率越高。在市场经济条件下，企业产品只有销售出去，实现的收入才是真正意义上的产出。

第三，全部资产收入率从周转速度角度看，也称全部资产周转率。全部资产周转率的计算与全部资产收入率相同。

$$全部资产周转率 = 总周转额（总收入）÷ 平均总资产 ×100\%$$

在全部资产中，周转速度最快的应属流动资产，因此，全部资产周转速度受流动资产周转速度影响较大。

全部资产周转率的分析要点如图 3-10 所示。

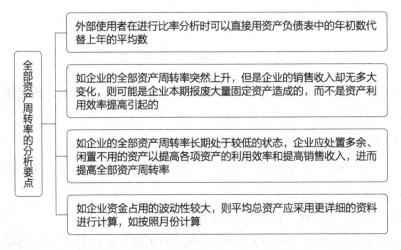

图 3-10　全部资产周转率的分析要点

②全部资产营运能力综合对比分析。

全部资产营运能力综合对比分析，就是要将反映全部资产营运能力的指标与反映企业流动资产和固定资产营运能力的指标结合起来进行分析。依据各类指标之间的相互关系进行全部资产营运能力综合对比分析，如图 3-11 所示。

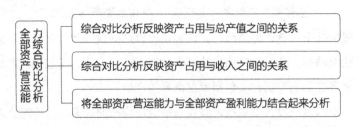

图 3-11　全部资产营运能力综合对比分析

相关计算公式如下。

$$资产经营盈利能力 = 资产营运能力 \times 产品经营盈利能力$$

$$总资产报酬率 = （总收入 \div 平均总资产） \times （息税前利润 \div 总收入） \times 100\%$$

$$= 总资产周转率 \times 全部收入息税前利润率$$

综合对比分析主要包括以下几方面的内容。

第一，综合对比分析反映资产占用与总产值之间的关系。反映二者关系的指标有三个，即固定资产产值率、流动资产产值率、全部资产产值率。它们可说明资产在生产过程中的利用效果。从静态上对比这三个指标，可分别反映固定资产、流动资产及全部资产利用的效果；从动态上对比这三个指标，可反映总产值增长与固定资产增长、流动资产增长、全部资产增长的关系，以及资产结合的变化情况。

第二，综合对比分析反映资产占用与收入之间的关系。反映二者之间关系的指标有三个，即固定资产收入率、流动资产周转率、全部资产收入率或周转率。它们可正确评价各项资产营运效益的大小和资产周转速度的快慢。从静态上对比这三个指标，可反映各项资产收入率的水平及其差距；从动态上对比这三个指标，可反映固定资产、流动资产及全部资产与销售收入增长的关系。

第三，将全部资产营运能力与全部资产盈利能力结合起来分析。从这个角度分析，可说明企业资产经营盈利能力既取决于产品经营盈利能力，又受资产营运能力的影响。

（2）流动资产营运能力分析

流动资产周转率，既是反映流动资产周转速度的指标，也是综合反映流动资产利用效果的基本指标。它是一定时期流动资产平均占用额和流动资产周转额的比率。该指标用流动资产的占用量和其所完成的工作量的关系，表明流动资产的使用经济效益。

流动资产周转率的计算，一般可以采取以下两种计算方式。

$$流动资产周转次数 = 流动资产周转额 \div 流动资产平均余额$$

$$流动资产周转天数（周转期） = 计算期天数（360） \div 流动资产周转次数 = 流动资产平均余额 \times 计算期天数 \div 流动资产周转额$$

流动资产周转次数或天数均表示流动资产的周转速度。流动资产在一定时期内的周转次数越多，亦即每周转一次所需要的天数越少，周转速度就越快，流动资产营运能力就越强；反之，周转速度就越慢，流动资产营运能力就越弱。

（3）固定资产营运能力分析

通过分析固定资产原值和净值的变动情况可分析固定资产规模变动情况。固定资产规模变动分析具体内容如表 3-15 所示。

表 3-15　固定资产规模变动分析

项目	具体内容
固定资产原值的变动分析	固定资产原值变动主要是受当期固定资产增加额和减少额的影响
	对固定资产原值变动情况及变动原因的分析，可根据财务报表附注以及其他相关资料进行
固定资产净值的变动分析	固定资产净值变动主要有固定资产原值的变动和固定资产折旧的变动
	对固定资产净值进行分析就是分析固定资产原值和折旧变动对固定资产净值变动的影响

固定资产产值率，是指一定时期内总产值与固定资产平均总值之间的比率，反映每百元固定资产提供的总产值。其计算公式如下。

$$固定资产产值率 = 总产值 \div 固定资产平均总值 \times 100\%$$

计算公式中的分母项目是采用固定资产原值还是采用固定资产净值，目前有两种观点。一种观点主张采用固定资产原值计算，理由是：固定资产生产能力并非随着其价值的逐步转移而相应降低的，比如，一种设备在其全新时期和半新时期往往具有同样的生产能力；再则，用原值，便于企业进行比较，如果采用净值计算则没有可比性。

另一种观点主张采用固定资产净值计算，理由是：固定资产原值并非一直全部被企业占用着，其价值小的磨损部分已逐步通过折旧收回，只有采用净值计算，才能真正反映一定时期内企业实际占用的固定资产资金。

实际上，单纯地采用哪一种计算方法都会难免偏颇。为了既能从生产能力又能从资金占用两个方面考核企业的固定资产利用水平，只有同时采用原值和净值两种计算方法，才能从不同角度全面地反映企业固定资产利用的经济效益。

3.2.4　企业现金流量分析与偿债能力

现金流量分析是对项目筹资、建设、投产运行到关闭整修的周期内现金流出和流入的全部资金活动的分析。其主要考查企业经营活动产生的现金流量与债务之间的关系。

现金流量分析的作用如图 3-12 所示。

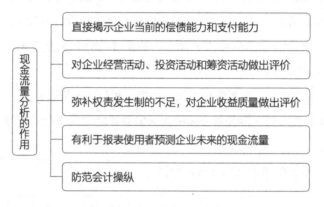

图 3-12　现金流量分析的作用

现金流量比率指标分析是通过将两个相关会计项目构建成相关财务比率，来揭示现金流量表中不同项目之间，或现金流量表与资产负债表、利润表的有关项目之间存在的逻辑关系的一种方法。

现金流量分析主要指标包括以下两个。

（1）现金流量与当期债务比

现金流量与当期债务比是指年度经营活动产生的现金流量净额与当期流动性债务的比值，是表明现金流量对当期债务偿还满足程度的指标。其计算公式为：

现金流量与当期债务比 = 经营活动产生的现金流量净额 ÷ 流动负债 ×100%

这项比率与反映企业短期偿债能力的流动比率有关。该指标数值越大，现金流入对当期债务清偿的保障越强，表明企业的流动性越好；反之，则表明企业的流动性越差。

（2）债务保障率

债务保障率是指年度经营活动产生的现金流量净额与全部债务总额的比率，表明企业现金流量对其全部债务偿还的满足程度。其计算公式如下。

债务保障率 = 经营活动产生的现金流量净额 ÷（流动负债 + 长期负债）×100%

经营活动产生的现金流量净额与债务总额之比的数值也是越大越好，它同样也是债权人关心的一种现金流量分析指标。

3.2.5　企业发展能力分析

企业发展能力（即成长性），是企业通过自身的生产经营活动，不断扩大积累而形成的发展潜能。企业发展能力衡量的核心是企业价值增长率。

发展能力是指企业未来生产经营活动的发展趋势和发展潜能，也称增长能力。该能力从两方面来看：

（1）从形成来看，主要依托于收入、资金和利润的增长；

（2）从结果来看，增长能力强的企业能够不断为股东创造财富，能够不断增加企业价值。

发展能力分析的目的如图 3-13 所示。

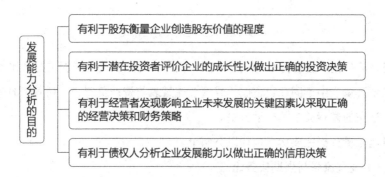

图 3-13　发展能力分析的目的

（1）销售增长分析

分析企业发展能力常用的指标是销售增长率，即企业本年销售增长额与上年销售额之间的比率，反映销售的增减变动情况，是评价企业成长状况和发展能力的重要指标。其计算公式如下。

销售增长率 ＝ 本年销售增长额 ÷ 上年销售额 ×100%=（本年销售额 － 上年销售额）

÷ 上年销售额 ×100%

该指标越大，表明销售增长速度越快，企业市场前景越好。

销售增长分析的注意事项如图 3-14 所示。

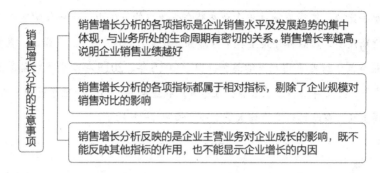

图 3-14　销售增长分析的注意事项

（2）资产增长分析

资产增长率是通过本期资产增长额与资产期初余额的比值反映的。其计算公式如下。

$$资产增长率 = 资产增长额 ÷ 资产期初余额 ×100\%$$

该指标可用来分析资产增长的类型，其中销售、利润的增长快于资产增长的，属于效益型增长；该指标可用来分析资产增长的来源；该指标可用来比较资产增长与所有者权益增长的关系；在比较该指标时要将不同时期的资产增长率进行对比。

案例　某园林企业综合分析报告

某园林企业作为一家园林施工类企业，毛利率水平明显高于同行业的其他建筑施工企业，主要因为园林施工具有较强的艺术性，工程优劣除了取决于质量高低之外很大程度上取决于设计师的设计水平和审美品位高低。因此这种细分行业特殊的文化艺术属性使其毛利率水平明显高于一般建筑施工企业。

该园林企业主要服务于重点市政公共园林工程、高端休闲度假园林工程、大型生态湿地工程及地产景观。

该园林企业财务分析如下。

（1）盈利能力。

企业的盈利能力无疑是鉴别企业质量的关键因素。在众多的收益指标中，净资产收益率是企业的税后利润与企业净资产的比率，又称股东权益收益率，是衡量企业综合投资收益率的综合指标。而净利润率，则是另一项很好反映企业真实盈利能力的指标。它是指扣除所有成本、费用和企业所得税后的利润与营业收入的比率。

与行业水平比较，能很好地反映企业在整个行业中的竞争力。企业经营净资产收益率呈现周期波动，但整体还是呈现下降趋势。企业自 2017 年 11 月开始，表现出净资产收益率低于行业平均水平的趋势，但于 2018 年、2019 年净资产收益率高于行业平均水平，2020 年 3 月，该园林企业净资产收益率为 −1.64%，低于行业平均水平，之后大幅上涨，有超过行业平均水平之势，如图 3-15 所示。

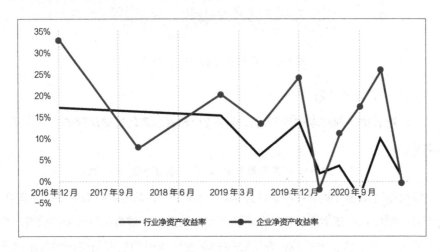

图 3-15　企业上市后净资产收益率

企业上市后净利润率如图 3-16 所示。

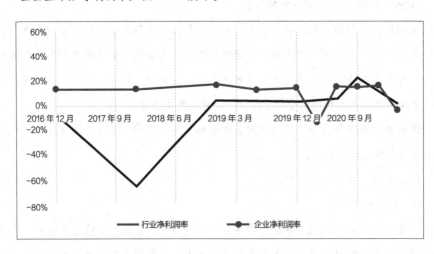

图 3-16　企业上市后净利润率

（2）偿债能力。

投资者在选定一个企业作为投资目标时，一定会参考企业的偿债能力，以此来判断自己的投资风险。一般情况下，采用资产负债率作为衡量企业偿债能力的综合指标，主要衡量长期偿债能力。资产负债率是指企业年末的负债总额与资产总额的比率，是债权人、股东以及经营者重点关注的财务指标。下面截取了该园林企业自2016 年第四季度起至 2020 年第四季度的资产负债率，并与行业水平进行了比较，如图 3-17 所示。

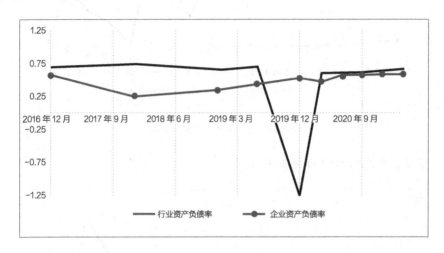

图 3-17　企业上市后资产负债率与行业水平比较

由图 3-17 可知，该园林企业的资产负债率总体低于行业平均水平，但整体呈上升趋势，于 2020 年第四季度达到最高值，并趋于行业平均水平。这说明企业风险较小，偿债能力较强，债权人和股东都可以放心投资。

（3）营运能力。

营运能力可以体现企业日常资本运营的收益和效率，也可以体现企业短期的偿债能力，对企业的价值有着显著影响。资本运营的收益划入企业的盈利能力考虑，在此，只考虑资本运营的效率。

因此，选用存货周转率和速动比率作为衡量企业营运能力的指标。存货周转率是企业的营业成本与存货平均额的比率，是制造业中表示资产流动性较有说服力的财务指标；而速动比率是指速动资产与流动负债的比率。与流动比率相比，速动比率剔除了变现能力较弱的存货和待摊费用的影响，更加真实地反映了企业短期偿债能力和资金周转能力。企业上市后存货周转率如图 3-18 所示。

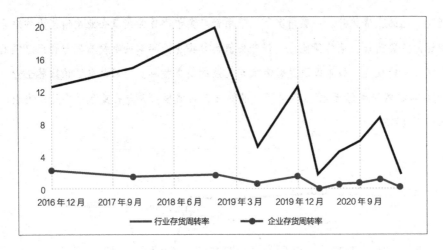

图 3-18　企业上市后存货周转率

企业上市后速动比率如图 3-19 所示。

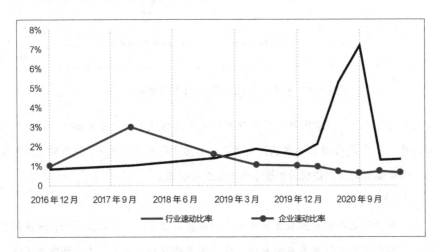

图 3-19　企业上市后速动比率

根据图 3-18 和图 3-19 可知，该园林企业的存货周转率低于行业平均水平，说明其存货较多，周转效率较低；速动比率也低于行业平均水平，2019 年第二季度后，速动比率稳定在 1% 左右，表明资金利用率较高，另外也说明其短期偿债能力较弱。

3.3　财务综合分析法

财务综合分析将企业营运能力、偿债能力和盈利能力等指标的分析作为一个整体纳入一个有机的分析系统之中，全面地对企业财务状况、经营状况进行解剖和分析，从而对企业经济效益做出较为准确的评价与判断。

3.3.1　财务综合分析概述

财务综合分析有利于全面分析企业的财务状况和经营成果，避免得出片面的结论；有利于正确评价企业的经营理财绩效，进一步改善经营管理工作。

财务综合分析的特点如图 3-20 所示。

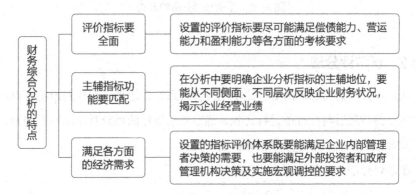

图 3-20　财务综合分析的特点

财务综合分析的作用如图 3-21 所示。

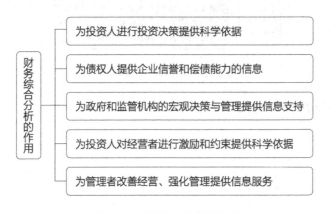

图 3-21　财务综合分析的作用

财务综合分析评价，可以明确企业财务活动和经营活动的相互关系，找出制约企业发展的"瓶颈"，全面评价企业的财务状况和经营业绩，明确企业的经营水平、位置以及发展方向，为企业利益相关者的投资决策提供参考，为完善企业财务管理和经营管理提供依据。

财务综合分析的方法如图 3-22 所示。

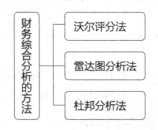

图 3-22　财务综合分析的方法

3.3.2　沃尔评分法

沃尔评分法是将选定的财务比率用线性关系结合起来，并分别给定各自的分数权重，然后通过与标准值进行比较，确定各项指标的得分及总体指标的累计分数，从而对企业的信用水平做出评价的方法。

沃尔评分法的原理如图 3-23 所示。

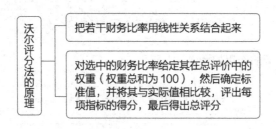

图 3-23　沃尔评分法的原理

沃尔评分法的步骤如表 3-16 所示。

表 3-16 沃尔评分法的步骤

项目	具体内容
选择财务比率	所选择的财务比率要有代表性，也就是在每个方面的众多财务比率中要选择典型的、重要的比率
	所选择的比率要具有全面性，反映偿债能力、盈利能力、营运能力等的比率都要包括在内
	所选择的比率最好具有变化方向的一致性，也就是说当财务比率最大时表示财务状况改善；反之恶化
确定各财务比率的权重	将 100 分的总分合理分配给所选择的财务比率，分配的标准是各个比率的重要程度
确定各财务比率的标准值	确定财务比率的标准值，可以判断财务比率的高低
计算各财务比率的实际值	利用相关的财务数据计算企业各财务比率的实际值
计算各财务比率的得分	比较各财务比率实际值与标准值，得出对各财务比率状况好坏的判断，再结合各比率的权重即所分配的分数，计算各财务比率的得分
计算综合得分	将各财务比率的实际得分加总，得出企业的综合得分

沃尔评分法的基本格式如表 3-17 所示。

表 3-17 沃尔评分法的基本格式

财务比率	权重 1	标准值 2	实际值 3	相对值 4=3÷2	评分 5=1×4
流动比率	25	2			
产权比率	25	1.5			
固定资产比率	15	2.5			
存货周转率	10	8			
应收账款周转率	10	6			
固定资产周转率	10	4			
所有者权益周转率	5	3			
合计	100				

运用沃尔评分法对某石油天然气股份公司 2021 年年末的财务状况进行综合分析。

选择评价指标并分配指标权重，具体如表 3-18 所示。

表 3-18　选择评价指标并分配指标权重

行次	选择的指标	分配的权重
1	流动比率	25
2	产权比率	25
3	固定资产比率	15
4	存货周转率	10
5	应收账款周转率	10
6	固定资产周转率	10
7	所有者权益周转率	5
8	合计	100

确定各个指标的标准值，如表 3-19 所示。

表 3-19　确定各个指标的标准值

行次	选择的指标	标准值
1	流动比率	2
2	产权比率	1.5
3	固定资产比率	2.5
4	存货周转率	8
5	应收账款周转率	6
6	固定资产周转率	4
7	所有者权益周转率	3

计算出各指标的实际值，并与所确定的标准值进行比较，计算一个相对比率；将各项指标的相对比率与其重要性权重相乘，得出各项指标的评分，具体如表 3-20 所示。

表 3-20　各项指标的评分

财务比率	权重 1	标准值 2	实际值 3	相对值 4=3÷2	评分 5=1×4
流动比率	25	2	0.74	0.37	9.25
产权比率	25	1.5	0.67	0.446 7	11.17
固定资产比率	15	2.5	0.566 3	0.226 6	3.40
存货周转率	10	8	5.51	0.688 8	6.89
应收账款周转率	10	6	44.28	7.38	73.8

续表

财务比率	权重 1	标准值 2	实际值 3	相对值 4=3÷2	评分 5=1×4
固定资产周转率	10	4	0.93	0.232 5	2.33
所有者权益周转率	5	3	0.6	0.2	1
合计	100	—	—	—	107.84

从上述沃尔评分法的分析过程中可以看出，该石油天然气股份公司 2021 年所选的财务指标中，应收账款周转率实际比标准高，其他账务比率实际比标准低，并且上述分析的综合得分高于 100 分，说明该石油天然气股份公司财务状况较好。

沃尔评分法的缺陷如图 3-24 所示。

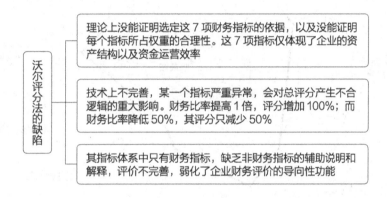

图 3-24　沃尔评分法的缺陷

3.3.3　雷达图分析法

雷达图分析法被称为综合财务比率分析图法，是对企业的综合实力进行评估而采用的一种财务状况综合评价方法，是将主要财务分析指标汇总，绘制成一张直观的财务分析雷达图，从而达到综合反映企业总体财务状况目的的一种方法。

这种方法从企业的经营收益性、安全性、流动性、生产性、成长性 5 个方面分析企业的经营成果，并将这 5 个方面的有关数据用比率表示出来，填写到一张能表示各自比率关系的等比例图形上，用彩笔连接各比率的结点后，这个图形恰似一张雷达图。

雷达图的绘制方法是：先画出三个同心圆，并将其等分成五个扇形区，分别表示收益性、安全性、流动性、生产性、成长性。通常，最小的圆圈代表同行业平均水平的 1/2 或最低水平；中间的圆圈代表同行业平均水平，又称标准线；最大的圆圈代表同行业先进水平或平均水平的 1.5 倍。在五个扇形区中，从圆心开始，分别以放射线形式画出主要经营指标线，并标明指标名次及标度。然后，将企业同期的相应指标值标在图上，以线段依次连接相邻点，形成折线闭环，构成雷达图。某企业雷达图如图 3-25 所示。

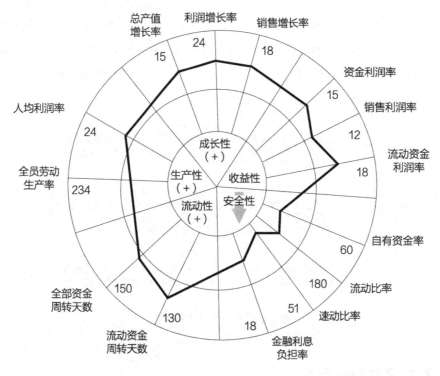

图 3-25 某企业雷达图

一般而言，当指标值处于标准线以内时，说明该指标低于同行业平均水平，需要加以改进；若接近最小圆圈或处于其内，说明该指标处于极差状态，是企业经营的危险标志；若处于标准线外侧，说明该指标处于较理想状态，是企业的优势所在。当然，并不是所有指标处于标准线外侧就是处于理想状态，还要根据具体指标具体分析。

3.3.4 杜邦分析法

杜邦分析法也叫杜邦财务分析体系，简称"杜邦体系"，它是利用几种主要财务指标之间的内在联系，对企业财务状况及经营成果进行综合系统分析评价的一种财务分析方法。

杜邦分析法以净资产收益率为起点，以总资产净利率和权益乘数为核心，重点揭示企业盈利能力和权益乘数对净资产收益率的影响以及各相关指标间的相互关系。杜邦分析法是用来评价企业盈利能力和股东权益回报水平，从财务角度评价企业绩效的一种经典方法。

杜邦分析法的内容如图 3-26 所示。

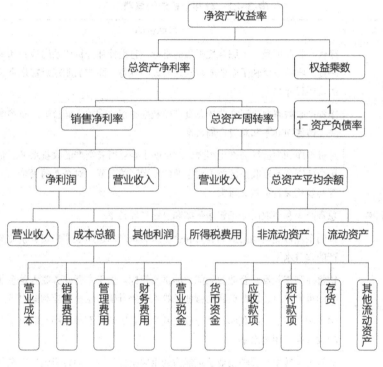

图 3-26　杜邦分析法的内容

杜邦分析法内容之间的关系如下：

净资产收益率＝总资产净利率 × 权益乘数

　　　　　　＝净利润 ÷ 净资产平均余额

权益乘数＝1÷（1－资产负债率）＝总资产平均余额 ÷ 净资产平均余额

总资产净利率＝销售净利率 × 总资产周转率

销售净利率＝净利润 ÷ 营业收入

总资产周转率 = 营业收入 ÷ 总资产平均余额

净利润 = 营业收入 - 成本总额 + 其他利润 - 所得税费用

成本总额 = 营业成本 + 销售费用 + 管理费用 + 财务费用 + 营业税金

总资产平均余额 = 非流动资产平均余额 + 流动资产平均余额

流动资产 = 货币资金 + 应收款项 + 预付款项 + 存货 + 其他流动资产

净资产收益率 = 销售净利率 × 总资产周转率 × 权益乘数

杜邦分析法的思路如表 3-21 所示。

表 3-21 杜邦分析法的思路

内容	具体说明
净资产收益率	净资产收益率是一个综合性很强的指标，它是杜邦分析体系的核心和源头。净资产收益率反映了企业股东投入资金的收益，而增加股东财富是企业管理的重要目标之一
	净资产收益率取决于企业的总资产净利率和权益乘数，而总资产净利率又取决于销售净利率和总资产周转率
总资产净利率	总资产净利率的综合性也很强，它反映了企业所有资产的收益水平。企业运用全部资产获取收益的能力对企业的发展至关重要，对企业的股东、债权人等利益相关者也意义重大
	总资产净利率取决于销售净利率和总资产周转率
	说明企业营业活动的盈利能力和企业所有资产的运用效率决定着企业全部资产的收益水平
销售净利率	销售净利率是反映企业盈利能力的重要指标。由于主营业务收入是企业净利润的重要源泉，因此提高主营业务收入对提升整个企业的盈利能力至关重要
	销售净利率受到净利润和营业收入两个因素影响，而净利润又取决于企业各项收入和费用的水平
总资产周转率	总资产周转率是反映企业营运能力的重要指标。资产周转得越快，利用效率越高，在一定期间内就能为企业带来更多收益，并提升企业整体的流动性
	要提高总资产周转率，一方面需要控制资产占用资金的数额并合理安排资产的结构，另一方面需要开拓市场，增加营业收入
	对总资产周转率的分析应结合对流动资产周转率、固定资产周转率、存货周转率、应收账款周转率等的分析

续表

内容	具体说明
权益乘数	权益乘数是反映企业资本结构、财务杠杆程度以及偿债能力的重要指标
	权益乘数越高，说明企业资本结构中的负债比例越高，财务杠杆程度越高，偿债能力越弱
	权益乘数是资产、负债和所有者权益三者关系的体现。要保持适当的权益乘数，必须合理安排资产、负债和所有者权益三者的关系，即合理地安排企业的资本结构
企业收入与费用	企业的各项收入和费用决定企业的净利润，进而影响企业的总资产净利率和净资产收益率等财务指标
	增加企业收入是提高企业盈利水平的重要途径。企业各项收入结构的合理性直接影响企业收入的稳定性和可持续性
企业资产、负债与所有者权益	对企业资产、负债和所有者权益状况进行深入分析有利于进一步了解企业的营运能力、偿债能力以及盈利能力等
	资产规模过大，可能存在闲置或低效现象；资产规模过小，则可能影响企业经营活动的扩展
	流动资产比例过高，可能影响企业的盈利水平；流动资产比例过低，则可能影响企业的流动性，进而影响企业的短期偿债能力
	负债规模过大，则企业风险过高；负债规模过小，又影响着财务杠杆作用的发挥。流动负债比例过高，则企业还款压力过大；长期负债比例过高，又会增加企业的利息成本

案例　天然气公司杜邦分析法的应用

采用杜邦分析原理和思路对某天然气公司进行综合分析。

2021 年度某天然气公司资产负债表和利润表有关数据如表 3-22 和表 3-23 所示。

表 3-22　资产负债表

单位：百万元

资产	期末数	负债和所有者权益	期末数
流动资产：		流动负债：	
货币资金	101 066	短期借款	141 555
应收票据	11 156	应付票据	10
应收账款	6 356	应付账款	109 025
预付款项	46 360	预收款项	25 110
其他应收款	21 217	应付职工薪酬	10 312

资产	期末数	负债和所有者权益	期末数
存货	143 944	应交税费	46 827
其他流动资产	215	其他应付款	45 645
流动资产合计	330 314	一年内到期的非流动负债	37 121
非流动资产：		其他流动负债	31 468
可供出售金融资产	468	流动负债合计	447 073
长期股权投资	212 949	非流动负债：	
固定资产	328 762	长期借款	37 221
在建工程	180 912	应付债券	67 500
工程物资	9 181	预计负债	43 773
油气资产	388 829	递延所得税负债	1 978
无形资产	30 706	其他非流动负债	2 936
商誉	119	非流动负债合计	153 408
长期待摊费用	16 566	负债合计	600 481
其他非流动资产	292	所有者权益：	
非流动资产合计	1 168 784	实收资本	183 021
		资本公积	127 825
		专项储备	8 353
		盈余公积	127 537
		未分配利润	451 881
		所有者权益合计	898 617
资产总计	1 499 098	负债和所有者权益总计	1 499 098

表 3-23　利润表

单位：百万元

项目	本期金额
一、营业收入	336 587
减：营业成本	249 225
税金及附加	47 010
销售费用	9 955

续表

项目	本期金额
管理费用	12 833
财务费用	2 610
资产减值损失	4 339
加：公允价值变动收益	
投资收益	17 789
二、营业利润	28 404
加：营业外收入	570
减：营业外支出	2 868
三、利润总额	26 106
减：所得税费用	5 960
四、净利润	20 146

根据资料，计算结果如下。

净资产收益率＝净利润÷净资产平均余额×100%=20 146÷898 617×100%=2.24%

总资产净利率＝净利润÷总资产平均余额×100%=20 146÷1 499 098×100%=1.34%

权益乘数＝总资产平均余额÷净资产平均余额=1 499 098÷898 617=1.67

销售净利率＝净利润÷营业收入×100%=20 146÷336 587×100%=5.99%

总资产周转率＝营业收入÷总资产平均余额×100%=336 587÷1 499 098×100%=22.45%

将上述结果通过杜邦分析图表现出来，如图 3-27 所示。

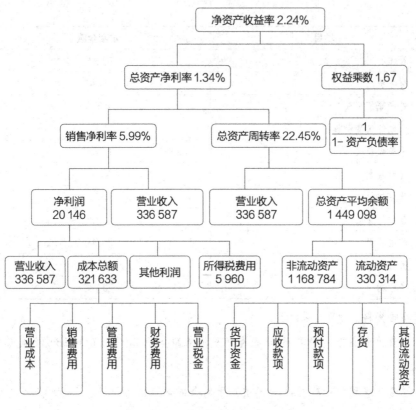

图 3-27　杜邦分析图

采用杜邦分析法可以了解该天然气公司 2021 年度总体的财务情况,可以对比不同时期的项目,看出企业资产、负债、成本、期间费用的变化情况。

成本领先是企业取得竞争优势的关键战略之一，成本控制是所有企业都必须重视的。企业无论采取何种改革、激励措施都代替不了强化成本管理、降低成本这一工作，它是企业成功的重要保证。

企业的成本控制与管理包括成本分配与成本控制两大环节。成本分配解决如何归集、分配产品或服务的成本问题，其核心内容是成本核算；成本控制所面临的问题是如何使企业达到成本最小化，包括企业做出的一切降低成本的努力。

4.1 生产成本经过的企业流程

企业生产经营过程，也是成本、费用发生的过程。成本计算，就是对实际发生的各种费用信息进行处理。一个企业发生的费用种类繁多，制造某个产品的过程由各个部门、各项生产要素密切配合，经过很多环节才最终形成。所以，记录、归类汇集和分配企业发生的各种生产费用，是一项复杂的工作。但是，不管是哪一种类型的企业，也不论计算什么成本，成本计算的基本原理、一般原则和基本程序都是相同的。

4.1.1 制造业成本核算流程

通常情况下，制造业成本核算的第一步，应区分应计入产品成本的费用和不应计入产品成本的费用，即对企业的各项支出、费用进行严格的审核和控制，并按照国家统一会计制度来确定计入产品成本的直接材料、直接人工和制造费用（产品成本的构成项目）。

企业成本的内容如图 4-1 所示。

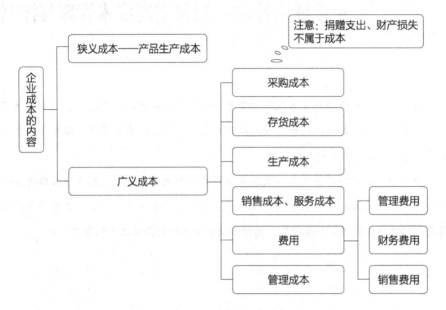

图 4-1　企业成本的内容

第二步，将应计入产品成本的各项成本，区分为应当计入本月产品的成本与应当由其他月份产品负担的成本。主要注意类似预付保险费等费用，要按权责发生制摊销。

生产成本经过的企业流程如图 4-2 所示。

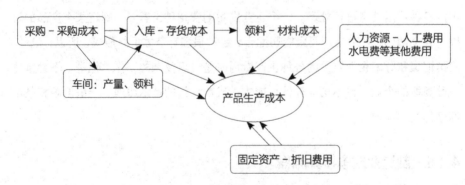

图 4-2　生产成本经过的企业流程

第三步，将应计入本月产品的各项生产成本，在各种产品之间进行归集和分配，计算出每种产品的成本。

如果同一车间同时生产多种产品，能按产品区分的材料及人工费，则分别核算；不能区分的，实际工作中一般可按各产品的定额消耗量等对材料进行分配，按定额工时等对人工费进行分配。

第四步，对于月末未全部完工的产品，要将该种产品的生产费用（月初在产品生产费用与本月生产费用之和），在完工产品与月末在产品之间进行分配，计算出该种完工产品的总成本和单位成本。

4.1.2　成本管理流程

成本控制方法，是指在企业生产经营活动中依据成本标准，对实际发生的生产耗费进行控制的实施方法。选择成本控制方法首先需要了解成本的特性与分类，通常可从以下三个方面考虑。

（1）成本发生的变动性与固定性：变动成本随着产量的变动而变化，固定成本则不受产量因素的影响。

（2）成本对产品的直接性和间接性：直接生产成本与产品生产直接相关，间接生产成本则与产品生产的相关性不明显。

（3）成本的可控性和不可控性：可控成本与不可控成本随着时间条件的变化会发生相互转化。

企业成本控制的方法：对于变动成本如直接材料、直接人工，可采取按消耗定额和工时定额进行控制的方法；对于固定成本如固定制造费用，则可采取按计划或预算进行控制的方法。从成本控制的范围来讲，直接生产成本可将指标分解落实到生产班组、员工，间接生产成本则应分类将指标分解落实到有关职能归口部门、员工。从成本的可控性来讲，需按不同的责任层次、管理范围落实成本责任，使归口控制的成本对各责任单位来讲具有可控性，真正起到控制作用。

成本管理流程如图 4-3 所示。

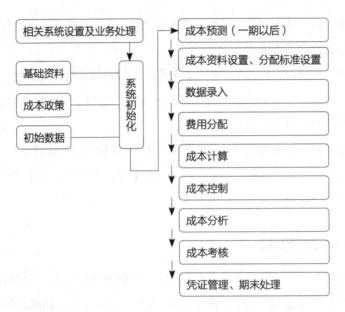

图 4-3　成本管理流程

4.1.3　成本控制流程

实行成本控制的步骤为：制定并下达成本标准，作为控制的依据；发动员工积极参与成本标准的实现；根据成本标准审核成本开支，防止损失、浪费的发生；计算脱离成本标准的差异，分析其发生原因，确定责任归属；修正成本标准，改进成本控制方法，进一步降低成本。

生产企业领料控制作业流程如图 4-4 所示。

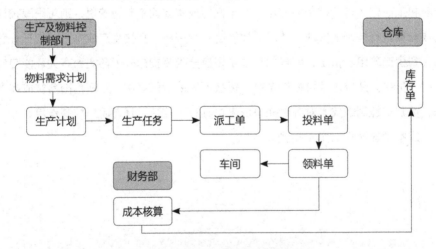

图 4-4　生产企业领料控制作业流程

实行成本控制要求企业各级管理人员重视成本控制工作，保持成本标准的先进合理性，建立健全经济责任制，明确权责划分和奖惩办法，树立全面经济核算观点，正确处理产量、质量和成本的关系。

4.1.4　制定标准成本的流程

制定标准成本，通常先确定直接材料和直接人工的标准成本，其次制定制造费用的标准成本，最后制定单位产品的标准成本。制定标准成本的基本程序是确定原料管理程序、合理制定菜单、预测销售量和确定标准成本总额。

第一步，准确制定成本标准。参照历史成本资料和采用专门技术方法，制定出单位产品的标准成本。

第二步，依据实际成本资料计算实际成本。根据产品生产过程中实际成本的发生情况计算产品的实际成本。

第三步，计算实际产量的标准成本。依据产品的实际产量和单位标准成本计算实际产量的标准成本，将其作为未来成本比较的标准。

第四步，比较标准成本和实际成本，算出成本差异并分析原因。通过比较产品实际产量的标准成本与实际成本之间的差异，算出产品成本差异金额，并分析各成本项目对成本差异的具体影响金额。

标准成本法是将核算同控制、计划、分析有机结合而形成的一种较为理想的成本控制方法。该方法可以事前计划、事中控制、事后分析，能及时反映不同成本项目对差异的影响，能增强经营者对成本的敏感度，有利于企业及时采取措施降低不利因素造成的影响。

4.1.5　各个部门执行流程

标准成本管理是一个集计划、生产、控制、协调为一体的管理方式，可以涵盖企业的生产全过程；同时它也是把"以人为本"的核心管理理念贯彻到企业每一个部门的过程之中。

标准成本是财务部门、管理部门、研发部门、生产部门、采购部门在对企业生产和经营中的各个环节充分考察研究和深入分析的基础上，共同协商制定出来的，所以，标准成本管理在实施中需要这些部门共同参与、共同合作。

4.2 成本管理实施过程与步骤

标准成本管理的实施过程大致可以分为三个步骤：制定标准成本、分析生产过程中的成本差异、分析生产完成后的成本差异。下面对这三个步骤详细介绍。

4.2.1 制定标准成本

在这个阶段，财务部门以各个部门在平时工作中积累的历史成本数据为基础并结合各种不确定因素，针对各个生产流程中耗费直接材料、直接人工、制造费用等的项目在将来可能会产生的成本，制作出企业各个部门及各个生产流程的标准成本，以此作为在下一个工作计划的时间段内全体员工的努力目标。

同时，标准成本也是企业生产成本支出状况的衡量标准和员工工作绩效的考核标准。这个阶段的工作主要在于为企业生产行为所引起的成本付出提供事前控制。

4.2.2 分析生产过程中的成本差异

所谓成本差异是指产品实际成本与标准成本之间的差额。在生产过程中，为了保证企业的生产行为能够按照事先预期的标准进行，需要进行事中控制。

事中控制是为了确保生产各个环节所产生的成本与标准成本相一致。一旦发现有实际成本超过标准成本的情况，要及时组织专业工程人员或专业管理人员分析查明出现问题的原因，及时采取措施解决生产中暴露出来的问题，并对相关的生产技术或设备进行改进。

4.2.3 分析生产完成后的成本差异

企业在每一批产品生产完成以后，首先要统计各个生产流程实际耗费的成本，从每一个操作行为到最终整个生产的总成本等各个方面的费用付出都要有准确的统计结果。

然后，将各项目的实际成本与标准成本对比分析，揭示成本差异，找出差异责任归属，评估企业的生产绩效和员工的工作绩效，并且要及时总结经验和吸取教训以避免成本损失和不合理支出的情况再次发生。

案例　某企业运营成本控制计划方案

某企业拥有 150 人至 200 人，企业处于扩张期。如何控制成本，同时实现盈利是这家企业高管们非常关注的问题。

在成本管理方面，这家企业发现以下问题：有控制人员及控制渠道，但没有制度去约束；有控制机会和控制方法，但始终没有去实施；各运营部门无人进行相关管理工作，大量办公设备、办公用品、教学物资等物品的囤积造成不必要的浪费等。

对此，企业将未来在成本控制方面的计划分为 4 个重点。

（1）减少目标不明确的项目和任务。

在企业目标清晰的情况下，每个项目及任务都是为实现目标服务的。项目立项分析后，可以把目标不明确的项目与任务削减掉。

（2）明确各部门的成本任务。

实行"全员成本管理"的方法。具体做法是先测算出各项费用的最高限额，然后横向分解落实到各部门，纵向分解落实到小组与个人，并与奖惩挂钩，使责、权、利统一，最终在整个企业内形成纵横交错的目标成本管理体系。

（3）成本核算，精细化管理。

没有数字进行标准量化，就无从谈及节俭和控制。伴随成本控制计划出台的应是一份数字清单，包括可控费用（人事、水电、包装、耗材等）和不可控费用（固定资产折旧等）。每月、每季度都由财务汇总后发到管理者的手中，超支和异常的数据就用红色特别标识。在月底的总结会议上，相关部门需要对超支部分的原因做出解释。

（4）成本控制"养成教育"。

同时，为了让员工养成成本意识，最好建立《部门运营费用表》。该表从原材料、电、水、办公用品、设备和其他易耗品方面提出控制成本的方法。当然，有效激励也是成本控制的好办法，所以，成本控制奖励也成为员工工资的一部分。

至此，为了实施成本控制计划，企业在各部门设立行政协调专员岗，以加强成本的强化管理工作。这种方式可以加大对各运营部门的监管力度，减少不必要的浪费，同时节约成本开支和减少人员浪费。

各行政协调专员在完成自身工作的同时不需要投入过多的时间与精力去完成行政工作，只需要将本部门的相关用品、设备、物资等在每个月做好统计并登记造册。

案例 某企业生产环节的成本控制

某煤炭企业产能不足，经常超负荷运行、"带病"运行，导致设备缺陷逐年增多，加剧设备老化。生产现场漏煤、撒煤严重，造成煤炭损失及环境污染，更为严重的是影响设备的可靠性，导致维护成本增加，降低了设备的利用率。这些是生产中比较突出的问题。

该煤炭企业生产成本主要包括人力成本，材料（备品备件）成本，管理成本，外委、外包项目费用，技改项目费用等。这些生产成本随着业务量增加而增加。其中材料（备品备件）成本，管理成本，外委、外包项目费用，技改项目费用等去年将近 2 000 万元。如何把这些成本控制在合理范围呢？

该煤炭企业的成本控制，运用以成本会计为主的各种方法，预定成本限额，按限额开支成本费用，比较实际成本和成本限额，衡量经营活动的业绩和效果，以提高工作效率，将实际成本维持在成本限额内。

生产现场成本则是生产过程中消耗物化劳动的转移价值和相当于工资那一部分活劳动所创造价值的货币表现。企业现场物化劳动与活劳动消耗所形成的生产成本，是企业最基础的成本。从成本管理的角度分析它的特点，对控制产品与劳务成本的形成过程、改进生产现场的运行机制、挖掘企业生产现场的潜力具有重要意义。

传统的成本管理以企业是否节约为依据，片面从降低成本乃至力求避免某些费用的发生入手，强调节约和节省。单纯地削减成本，把成本的降低作为唯一目标，这并不是有远见的行为。如果单纯追求削减成本，一般会通过降低原材料的购进价格或档次，或者减少单一产品的物料投入，或者考虑降低工艺过程的工价，来达到削减成本的目的。这样会导致产品质量下降、销量下降，甚至失去已经拥有的市场。

所以，该煤炭企业需要学习现代企业应有的成本控制战略及方法。企业要想有长期效益，就只能从战略的高度来实施成本控制。换句话说，不是要单纯削减成本，而是要提高生产力、缩短生产周期、增加产量，既要确保产品质量，又要注重安全、环保和社会责任。

一、全员参与，建立多层责任成本控制体系，增强员工的成本意识

该煤炭企业的员工，在日常工作中，成本意识不强，存在各种浪费现象。生产成本能否得到控制，也取决于生产现场的具体操作者。实施以人为中心的现场管理，确立以现场为中心、以员工为主体的管理体制，真正提高员工的主人翁意识。责任成本控制制度是在分权管理条件下为加强成本管理、落实成本责任、进行成本考核，

实行的责、权、利相结合的一种成本管理制度。实施责任成本控制制度可以增强员工的成本意识，调动员工参与降低成本的积极性，充分发挥各层次责任成本中心具有不同控制能力的优势。

实践证明，责任成本控制对成本控制发挥着重大作用。因此，以生产区域的组织结构、生产经营活动的特点、内部业务的流程等情况划分确定责任成本中心，建立多层次的成本控制责任体系，将各部门、各环节、各班组等确定为控制成本的责任主体，使成本控制建立在责任控制基础之上。

二、以长远、科学的眼光，合理组织生产

在以销定产且产能不足的情况下，为满足客户的需求，设备长期超负荷运转，而得不到维护保养，或"带病"运行而不能及时消除缺陷，设备问题越来越多，最后问题扩大不得不停下维修，最终付出更大的代价。因此，该煤炭企业应通过科学的统计，综合考虑短期利益和长期利益，追求效益最大化，设定一个合理的生产量，在设备运行与维护中取得平衡。

生产流程标准化。标准化工作是现代企业管理的基本要求，它是企业正常运行的基本保证，它促使企业的生产经营活动和各项管理工作合理化、规范化、高效化。做好标准化工作是成本控制成功的基本前提。

该煤炭企业在成本控制过程中，非常重视下面三项标准化工作。

（1）计量标准化。计量是指用科学方法和手段，对生产经营活动中量和质的数值进行测定，从而为生产经营，尤其是成本控制提供准确数据。如果没有统一计量标准，基础数据不准确，那就无法获取准确成本信息，更无从谈控制。

（2）质量标准化。质量是产品的灵魂，没有质量，再低的成本也是徒劳的。成本控制是质量控制下的成本控制。煤炭销售，在数量和热值方面要符合销售合同的约定。

（3）数据标准化。制定成本数据的采集过程，做到成本数据按时报送，及时入账，数据便于传输，实现信息共享；规范成本核算方式，明确成本的计算方法；规范成本的书面文件格式，统一表头，形成统一的成本计算图表格式，做到成本核算结果准确无误。

三、科学、规范管理设备，加强设备维护保养，提高设备可靠性，延长设备使用寿命

设备是构成生产力的重要因素，是完成生产任务的物质技术基础。加强设备管理，

对保证正常的生产秩序、促进生产发展、降低产品成本、保证安全生产、提高经济效益具有十分重要的意义。以往的工作经验表明，花在设备维护保养上的时间和费用，要远少于维修、更换设备所用的时间和费用。

四、加强煤场的科学管理

根据不同销售季节，确定煤场的合理堆存量。该煤炭企业煤场最大堆存能力约30万吨，煤炭销售量（包括电煤）平均每天约2.3万吨。该企业应根据不同时段的每天销售量，结合煤船在北方港口装船和航行到珠电码头卸载的时间，确定合理的订货点，制定合理的堆存量，减少储存天数，减少堆存费用，减少煤炭因自燃产生的热值损失。

不同煤种合理堆放；尽量减少煤炭中转，在条件许可的情况下，由卸船机直接上（电）煤或出库（市场煤），减少中间环节的成本、损失。

五、加强备品备件管理

该煤炭企业每年用于生产物资采购的资金超过500万元。降低采购成本将是降低企业成本的最直接和最有效的途径。

首先，降低采购价格。对于采购前期费用，要广泛利用网络、电视、报刊等媒介载体，迅速而有效地发布和查询市场信息，这样既可减少前期费用，又可以充分掌握市场信息；对于采购价格，该煤炭企业通过招标采购，利用不同供应者之间的竞争，从中获取价格利益；对于大宗物资，实行多途径采购，即将采购对象分解成多家，进行货比三家或直接进行招投标采购；对于零星采购，则进行货比三家后定点采购，这样就可以直接降低采购价格。对于质量特性，可按其质量特性高低将其划分为A、B、C三个等级进行分类管理，对A类物资进货质量进行严格控制；对B类物资进行一般控制，并以适当的合约形式采用替代品；对偶然需要的C类物资不单独采购，而以B、A类物资替代，或以与C类物资具有同样功能的其他材料替代。

其次，降低库存量，减少资金占用。为确保生产，备品备件是必不可少的。该煤炭企业从替代性、采购的便捷性、物资的重要性方面，减少一些物资的库存。

最后，加强仓库管理，建立相关的管理制度，规范物资的审批和领用流程，加强对废旧物资的回收管理。

六、加强外委、技改等项目的管理

每年，该煤炭企业在这方面的费用支出达几百万元。该煤炭企业从必要性、可行性、重要性、科学性方面对这些项目进行评估，严格审核招投标单位，同时尽可能多邀请竞标单位，通过多家比价，降低项目费用。

现代企业成本不仅仅是财务部门和生产部门的事情，而且扩展到了整个企业甚至上下游供应链。要对成本进行有效的控制，企业各个部门必须密切协调、上下联动、全员参与。同时，现代企业必须负起相应的社会责任，企业的盈利，必须建立在安全、健康、环保的前提下。

4.3　企业成本控制的 12 种方法

成本控制方法是指完成成本控制任务和达到成本控制目的的手段。成本控制方法是多种多样的，不同的阶段，不同的问题，所采用的方法就可能不同。

例如：仅就事前控制来说，有用于分析产量或销售量的本量利分析法；有用于产品设计和产品改进的价值工程法；有解决产品结构问题的线性规划法；有用于材料采购控制的经济采购批量法。

因此，对一个企业来说，具体选用什么方法，应视本企业的实际情况而定，必要时还可以设计出一个适合本企业情况的特殊方法。

成本控制方法主要有以下 12 种。

4.3.1　绝对成本控制法

绝对成本控制法是把成本支出控制在一个绝对的金额内的一种成本控制方法。标准成本法和预算控制法是绝对成本控制的主要方法。

4.3.2　相对成本控制法

相对成本控制法是指企业为了增加利润，根据产量、成本和收入三者的关系控制成本的方法。

实行这种成本控制方法，一方面可以了解企业在多大的销量下收入与成本达到平衡，另一方面可以知道企业的销量达到多少时，企业的利润最高。所以相对成本控制法是一种更行之有效的方法。它不仅基于实时实地的管理思想，更是从前瞻性的角度，服务于企业战略发展，从而实现成本控制。

4.3.3 全面成本控制法

全面成本控制是指对企业生产经营所有过程中发生的全部成本、成本形成的全过程、企业内所有员工参与的成本控制。

企业应围绕财富最大化这一目标，根据自身的具体实际和特点，建立管理信息系统和成本控制模式，确定成本控制方法、管理重点、组织结构、管理风格、奖惩办法等相结合的全面成本控制体系，实施目标管理与科学管理结合的全面成本控制制度。

4.3.4 定额法

定额法是以事先制定的产品定额成本为标准，在生产费用发生时，就及时提供实际发生的费用脱离定额标准的差异额，让管理者及时采取措施，控制生产费用的发生额，并且根据定额和差异额计算产品实际成本的一种成本计算和控制方法。

4.3.5 成本控制即时化法

成本控制即时化，就是通过现场施工管理人员每天下班前记录当天发生的人工、材料、机械使用数量与工程完成数量，经过项目经理或者交接班人员的抽检合格，经过计算机软件的比较分析得出成本指标是否实现及其原因的成本管理方法。

4.3.6 标准成本法

标准成本法是西方管理会计的重要组成部分，是以预先制定的标准成本为基础，比较标准成本与实际成本，核算和分析成本差异的一种产品成本计算方法，也是加强成本控制、评价经营业绩的一种成本控制制度。

4.3.7　经济采购批量法

经济采购批量法，是指在一定时期内进货总额不变的条件下，使采购费用和储存费用总和最小的采购批量的一种成本管理方法。

4.3.8　本量利分析法

本量利分析法是在成本性态分析和变动成本法的基础上发展起来的，主要研究成本、销售量、利润之间数量关系的方法。它是企业进行预测、决策、计划和控制等经营活动的重要工具，也是管理会计的一项基础内容。

4.3.9　线性规划法

线性规划法是在第二次世界大战中发展起来的一种重要的数量方法。线性规划法是企业计划总产量时常用的一种定量方法。线性规划是运筹学的一个重要分支，理论上非常完善，实际应用得非常广泛。

线性规划法主要用于研究有限资源的最佳分配问题，即如何对有限的资源做出最佳调配和最有利使用，以便最充分地发挥资源的效能，从而获取最佳经济效益。

4.3.10　价值工程法

价值工程法，是指通过集体智慧和有组织的活动对产品或服务进行功能分析，使目标以最低的总成本（寿命周期成本），可靠地实现产品或服务的必要功能，从而提高产品或服务的价值的方法。

4.3.11　成本企划法

成本企划法是流行于日本企业的一种成本管理模式，其实质是成本的前馈控制。它不同于传统的成本反馈控制，即先确定一定的方法和步骤，根据实际结果偏离目标值的情况和外部环境变化采取相应的对策，调整先前的方法和步骤，而针对未来的必达目标，据此对目前的方法与步骤进行弹性调整，因而是一种具有先导性和预防性的成本控制方法。

4.3.12　目标成本法

目标成本法是日本制造业创立的成本管理方法，目标成本法以给定的竞争价格为基础决定产品的成本，以保证实现预期的利润。在该方法下，企业首先确定客户会为产品或服务付多少资金，然后再设计能够产生期望利润水平的产品或服务和运营流程。

案例　成本控制中心的职能及职责

首先，成本控制中心的职能是什么？

某企业成本控制中心隶属企业财务部，通过项目筹备阶段的成本估算、方案设计阶段的成本概算、施工图设计阶段的成本预算，以及初步成本计划的确定、成本计划的审核、动态成本的监控工作，保证企业成本目标的实现及优化；通过招标采购及供方管理体系的建立，在保证质量、按期采购的前提下降低企业采购成本，提高采购效率，与优质供方建立长期的战略合作伙伴关系。成本控制中心具体包括工程造价管理、招投标管理、合同管理三方面的工作。

其次，某企业成本控制中心职责如下。

（1）工程造价管理。

①负责建立和完善企业成本管理体系，管控项目整体成本。

②负责建立企业的项目成本计划责任体系，组织落实并提供考核依据。

③负责收集、整理有关成本价格信息和项目动态成本信息。

④负责在方案设计阶段进行成本概算，形成初步项目成本计划；提出初步的限额设计和成本控制建议。

⑤负责在施工图设计阶段提出限额设计和成本控制建议。

⑥负责组织编制项目成本计划，经总部审批后分解到企业相关责任部门。

⑦负责编制施工图预算，审核项目工程进度、材料设备、技术服务等合同进度款结算申请。

⑧按权限审核工程项目的设计变更、工程签证，洽商费用，提出成本控制意见。

⑨负责企业工程项目跟踪及工程竣工结算的审计工作。

⑩负责领导交办的其他工作。

（2）招投标管理。

①负责拟定企业的招投标管理办法。

②负责组织和实施企业的工程项目、设备采购、材料采购等招标工作。

③参加与合作伙伴的谈判，并做出评价。

④负责收集和整理工程报价和结算等经济资料并及时归档；组织收集、整理有关成本信息，建立成本信息库；组织研究材料造价方面的信息，建立企业材料、设备价格信息库。

⑤负责领导交办的其他工作。

（3）合同管理。

①负责拟定企业的合同管理制度。

②负责组织拟定企业内部标准合同文本。

③组织相关部门对合同进行会审、修改、会签和职责权限内的合同签订工作。

④负责在合同签署前对合同文本进行审核，并按程序报批。

⑤负责相关合同的登记、保管、结案，合同台账的建立和企业所有合同文本的报送备案工作。

⑥负责组织对合同履约情况检查和监督。

⑦负责领导交办的其他工作。

4.4　全面成本控制的五大问题与对策

全面成本控制是指对企业生产经营所有过程中发生的全部成本、成本形成中的全过程、企业内所有员工参与的成本控制。与传统成本管理观念相比，全面成本控制在深度、广度和指导思想等方面有了很大的改变：实行相对成本节约；扩大了成本控制的空间范围；扩大了成本控制的时间跨度；充分发挥成本控制的效能。

4.4.1　材料成本所占产品成本比例

正常情况下，材料费用占产品成本的 60% ~ 80%，而要真正做到控制材料费用，应注意以下两点。

（1）从材料购进入手：多了解市场，对材料的市场价格有一个比较完整的认识，再货比三家，从供应商的价格、质量、货款支付期、运输等方面入手。材料品质好可以降低材料的消耗，降低采购成本。

（2）从产品的生产工艺入手：精简生产工程，杜绝生产过程中的"跑、冒、滴、漏"等各项材料、能源的浪费；改进生产方法，提升技工技能，降低材料消耗；控制材料费用成本主要从事前材料采购和事中材料消耗入手，能做好这两点，产品的材料成本就能得到良好的控制。

4.4.2　人工成本不可控因素

为什么要控制人工成本？为什么人工成本被管理层认为是不可控的成本？

麦肯锡曾这样评价中国企业：成本优势的巨人却是成本管理上的侏儒。特别是人工成本方面，管理者与员工长期片面形成的"人本观念"，造成人工成本呈现失控状态，导致企业利润与人工成本失衡。人工成本失控也成了企业管理者最"头疼的顽疾"。

其实，成本控制是一门花钱的艺术，而不是节约的艺术。关键是如何将每一分钱花得恰到好处，将企业的每一种资源用到最需要它的地方。

如何控制好企业人工成本呢？

（1）提高对加强人工成本管理的认识

人工成本管理仍然是企业管理中的一个薄弱环节。提高对加强人工成本管理的认识，首先是从战略上，认识到它是关系企业在多方位市场竞争中生死存亡的重要战略因素；其次是从分配的角度看，认识到它是正确处理企业、员工二者利益的重要经济杠杆，它是调节劳动者这个利益主体的经济行为，从而调节劳动力资源的配置，形成企业的激励和动力机制的经济因素；最后是从管理上，认识到它是关系人才资源开发、关系企业经济效益提高、关系对活劳动消耗进行监督、投放的重要工作。

（2）精减人员、合理定岗定编，控制劳动力的投入

精减人员、合理定岗定编是加强用人管理的基础，也是节约活劳动、降低人工成本的基础工作。企业冗员太多，必然造成人工成本投入不合理和人工成本无效益增长，员工收入水平反而难以提高。

（3）加强人工成本的比率控制

目前，企业在比率控制方面存在在低水平的基础上收入过分向个人倾斜的问题。例如，有的企业劳动分配率、人事费用率和人工成本占总成本的比重都高于行业平均水平，企业创造的增加值绝大部分用在了人工成本上，而用于扩大再生产的积累所剩无几，明显存在收入过分向企业员工倾斜的问题。

（4）加强人工成本的弹性控制

加强弹性控制，保持人均人工成本增长低于人均增加值及人均销售收入的增长，使人工成本与产出效益保持合理比例。这是人工成本控制的核心问题，也是人工成本控制最关键的点。

人工成本是一种消耗要素，这种消耗的必要性必然是它为企业带来的产出大。从企业资本经营的角度考查，人工成本决策的首要依据是经济效益，人工成本支出的阈限值必然是收益大于成本。

（5）发挥工资激励作用，规范人工成本结构

在人工成本结构中，工资是最有激励作用的因素，也是构成人工成本的主要部分。可见，工资、薪金总额水平的控制以及合理拉开各类人员工资水平档次，充分体现按劳分配、效率优先的原则，是当前人工成本控制的关键环节。

4.4.3 制造费用的关键因素

为什么要控制制造费用？制造费用控制的关键点是什么？

（1）电耗的控制

电耗的控制，亦即生产效率的提高。

①将生产效率作为绩效考核的一个关键指标。

②辅助设施的使用管理：消除设备空转，加强照明管理。

③技术措施：增加电容器组，提高功率因素（现白天电容补偿不够）；对环模、压辊、锤片进行经济分析，预测其寿命与电耗的关系。

（2）燃料费的控制

煤质的要求：测算性价比、定供货商、以煤质论价。

双重考虑：吨煤耗量、吨煤耗费用。

（3）设备管理标准化

进行设备维护保养管理规程培训，实现全员参与设备管理。

有效的设备维修：设备计划维修；设备维修验收责任化、标准化；强化重点设备维护、维修、改造投资的可行性分析。

（4）提高总体的协同效率，结合成本控制，强化物流管理

损耗率的有效控制：强化物流链节；减少质量事故；降低回机量；使落地料、杂料自理制度化；改进技术；重点抓好制粒机和粉碎机的除尘管理。

辅助环节的成本控制意识：改进原料卸货方式、库存方式，流通使用过程中减少搬运次数。

建立信息平台，实现市场与生产及时沟通，使生产计划下达合理化。

4.4.4　销售成本的投入产出

为什么一般企业投入的销售成本与产出差异较大？为什么建立销售业绩标准会成为企业的"拦路虎"？

讲控制销售成本，实际也是讲如何控制每个销售人员的销售活动费用。成本是重点考查对象，是控制销售成本的关键。成本大体上分为四类：第一类是必要的工商税收等；第二类是总部和销售分公司提成的部分；第三类是销售分公司自留资金；第四类是销售人员每个月花费的其他销售费用，包括报账费用、市场建设费用、广告宣传费用等。而销售人员也知道该如何尽量节约成本，提高效益。

4.4.5　管理费用的支出标准

为什么一般企业的管理费用支出没有标准？

因为财务上没有具体的列支标准，所谓的标准是税法上的相关标准。

税法有费用项目扣除标准。

（1）福利费：超过工资、薪金总额14%提取的，不可以税前扣除。

（2）职工教育经费：超过工资、薪金总额8%提取的，不可以税前扣除。

（3）工会经费：超过工资、薪金总额2%提取的，不可以税前扣除。

（4）业务招待费：超过企业发生的与生产经营活动有关的业务招待费支出标准的，不可以税前扣除［按照发生额的60%扣除，但最高不得超过当年销售（营业）收入的5‰］。

（5）企业发生的符合条件的广告费和业务宣传费支出，除国务院财政、税务主管部门另有规定外，超过当年销售（营业）收入 15% 的部分，不可以税前扣除；超过部分，准予结转以后纳税年度扣除。

（6）企业发生的不合理的工资、薪金支出，不可以税前扣除。

（7）企业为投资者或者职工支付的补充养老保险费、补充医疗保险费，超过国务院财政、税务主管部门规定的范围和标准的，不可以税前扣除。

（8）企业为投资者或者职工支付的商业保险费，不可以税前扣除。

（9）非金融企业向非金融企业借款的利息支出，超过按照金融企业同期同类贷款利率计算的数额的部分，不可以税前扣除。

（10）企业依照法律、行政法规有关规定提取的用于环境保护、生态恢复等方面的专项资金，准予扣除。上述专项资金提取后改变用途的，不可以税前扣除。

（11）企业之间支付的管理费、企业内营业机构之间支付的租金和特许权使用费，以及非银行企业内营业机构之间支付的利息，不可以税前扣除。

（12）企业发生的公益性捐赠支出，超过年度利润总额 12% 的部分，不可以税前扣除。

（13）企业所得税法所称赞助支出和企业发生的与生产经营活动无关的各种非广告性质支出，不可以税前扣除。

4.5　成本分析及模型

成本分析常用的模型有三种：成本树、本量利、产品边际贡献模型。下面一一分析。

4.5.1　成本结构分析——成本树

最典型的树形结构：一棵树可以简单地表示为根、左子树、右子树。左子树和右子树又分别有自己的子树。

分析制造企业总成本费用的结构，可以借助"成本树"模型。总成本费用的"成本树"如图4-5所示。

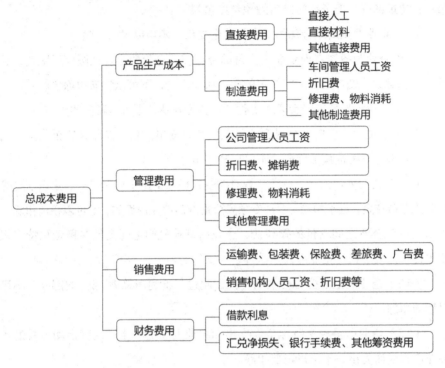

图4-5　总成本费用的"成本树"

分析产品生产成本结构，可以借助产品生产成本"成本树"，如图4-6所示。

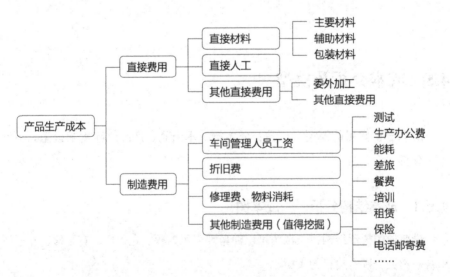

图4-6　产品生产成本"成本树"

利用"成本树"模型进行成本分析，有利于正确认识、掌握和运用成本变动的规律，实现降低成本的目标；有助于进行成本控制，正确评价成本计划完成情况；还可为制定成本计划、经营决策提供重要依据，指明成本管理工作的努力方向。

4.5.2 "本量利"分析模型

"本量利"分析是"成本－业务量－利润分析"的简称。它被用来研究产品价格、业务量（销售量、服务量或产量）、单位变动成本、固定成本总额、销售产品的品种结构等要素的相互关系，从而帮助企业管理者做出产品结构、产品定价、促销策略以及生产设备利用等决策。

本量利分析中最为人们所熟悉的形式是盈亏平衡点的销售额分析，如图 4-7 所示。

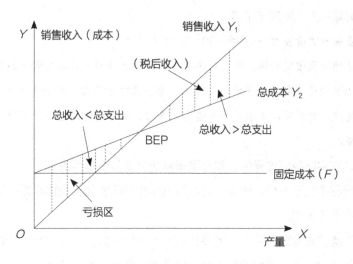

图 4-7 盈亏平衡点的销售额

为了让大家更好地理解盈亏平衡点，下面通过案例来讲解。

最近，老李经营一家 M 记餐厅，最近他遇到了这样的困惑：每天来吃饭的顾客不少，但一结算竟然没有盈利。为此，老李很困惑，希望我们为他的餐厅找到问题所在。

首先来看餐饮行业的盈亏平衡点是什么。一般来说，餐饮行业是用营业额来作为衡量标准的，也就是达到这个营业额以前，餐厅是处于亏损状态的；超过这个营业额，就开始真正实现利润。

餐饮店面营业额的最低要求就是达到盈亏平衡点（也叫保本点）。

营业额＞盈亏平衡点，店面不会亏损；营业额＜盈亏平衡点，店面产生亏损。

老李的 M 记餐厅的固定成本主要有租金、物业管理费、人工成本等。

月租金＋物业管理费 =5（万元）

人工成本：后厨人员每月工资＋前厅人员每月工资 =5 000×8+5 000×12= 100 000（元）

固定成本 = 月租金＋物业管理费＋人工成本 =5+10=15（万元 / 月）

通过以上计算，可以算出老李的 M 记餐厅每个月要赚到 15 万元才能满足开支。按照餐饮行业多数菜品为 50% 的毛利来计算，盈亏平衡点计算如下。

盈亏平衡点 = 固定成本 ÷ 毛利率 =15÷50%=30（万元 / 月）

也就是说老李的 M 记餐厅的菜品每个月至少要有 30 万元的营业额，收支才能平衡。

分摊到每一天（按 30 天计算）。

日营业额 = 月营业额 ÷ 天数 =30÷30=1（万元）

餐厅要想达到收支平衡，每天需要有 1 万元的营业额。也就是老李的 M 记餐厅每天有 1 万元的营业额才能开始实现盈利。算出盈亏平衡点，老李就可能分析他营业以来的情况，如果餐厅长期达不到盈亏平衡点，餐厅则需要在各方面进行调整或者及时止损。

不过，在实际经营过程中，盈亏平衡点会涉及很多具体的数据，不同的阶段选取的参考标准也不一样。所以，要注意具体数据的变化，这样计算出来的盈亏平衡点才有参考价值。

盈亏平衡点对管理很重要，能够让经营者明确目标，有目的地进行管理。

这里要注意一点：盈亏平衡点分析只是本量利分析的一部分。显然，盈亏平衡点分析并非只着眼于找出一个不盈不亏的临界点或保本点，它所期望的是获得尽可能好的经营成果。

4.5.3 产品边际贡献模型

什么是边际贡献？所谓边际贡献，是销售收入减去变动成本后的余额。

边际贡献计算公式如下。

边际贡献 = 销售收入－变动成本 = 固定成本＋利润

固定成本，是指成本总额在一定时期和一定业务量范围内，不受业务量增减变动影响而能保持不变的成本。例如设备成本、厂房费用、管理人员工资等。

变动成本，是指随业务量的变化而变化的成本。例如购买原材料的成本、电力消耗费用、工人工资等。

简单来说，将成本进行分类，引出边际贡献的概念，是为了给盈亏平衡点分析提供依据。产品边际贡献模型如图 4-8 所示。

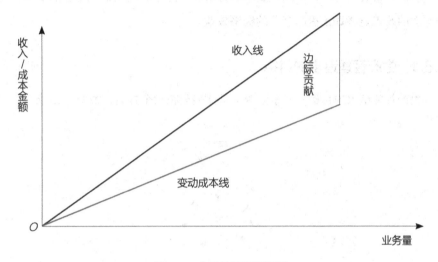

图 4-8　产品边际贡献模型

在产品销售过程中，一定量的产品边际贡献首先用来弥补企业生产经营活动所发生的固定成本总额，在弥补了企业所发生的所有固定成本后，如有多余，才能构成企业的利润。这就有可能出现以下三种情况。

（1）当企业提供的产品边际贡献刚好等于所发生的固定成本总额时，企业只能保本，即做到不盈不亏。

（2）当企业提供的产品边际贡献小于所发生的固定成本总额时，企业就要产生亏损。

（3）当企业提供的产品边际贡献大于所发生的固定成本总额时，企业将会实现盈利。

因此，产品边际贡献的实质所反映的就是产品为企业实现盈利所能做出的贡献，只有当产品销售达到一定的数量后，所得产品边际贡献才有可能弥补所发生的固定成本总额，为企业实现盈利做贡献。

4.6   成本控制与精益化转型

精益生产中利润增加的一个重要途径就是成本的降低,这体现了企业的盈利能力,也直接关系到企业的竞争力。精益生产的目标之一就是通过消除浪费、降低库存来降低生产成本。

所以,关注生产过程中降低成本的方法和措施是制造型企业运营的基本,这一方面的改善能够真正提高企业的经济效益。

4.6.1   生产管理追求的目标

生产管理追求的目标——零浪费,具体表现在七个方面,如图 4-9 所示。

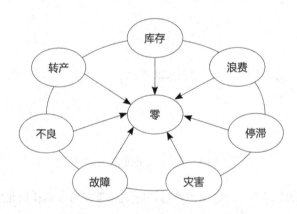

图 4-9   生产管理追求的目标——零浪费

第一,"零"库存,把加工和装配相连接,实现流水化,消除中间库存;变市场预估生产为接单同步生产,把产品的库存降低到零。

第二,"零"浪费,消除多余制造、搬运、等待的浪费,从而实现"零"浪费。

第三,"零"停滞,最大限度地缩短前置时间,为此需要消除中间停滞,从而实现"零"停滞。

第四,"零"灾害,安全第一。

第五,"零"故障,消除机械设备的故障停机现象,从而实现"零"故障。

第六,"零"不良,不良并不是在检查位检出,而应该在产生的源头消除,从而追求"零"不良。

　　第七，"零"转产，切换加工工序的品种，把装配线的转产时间浪费降低为"零"或者接近于"零"。

4.6.2　如何实施精益生产

　　企业实施精益生产，离不开企业完善的管理体系，包括积极向上、团结合作的企业文化。那么，如何在企业中实施精益生产管理呢？

　　（1）学习不断优化、持续改进

　　精益生产既是一种最大限度减少生产过程中的资源占用和降低企业运营成本的生产方式，又是一种理念、一种文化。实施精益生产，就是追求卓越，追求精益求精，追求尽善尽美，为实现"七个零"的终极目标而不断努力。所以，精益生产是一种完美的管理艺术。

　　（2）学习和引进全面质量管理方法

　　全面质量管理，就是全员、全面、全方位进行质量管理。

　　全面质量管理强调质量是生产出来的而非检验出来的，由生产中的质量管理来保证最终质量。生产过程中对质量的检验与控制在每一道工序都进行。如首件三检制、抽检、巡检等，保证及时发现质量问题。

　　如果在生产过程中发现质量问题，根据情况，可以立即停止生产，直至问题解决，从而保证不出现对不合格品无效加工的情况。

　　产品质量"零"不良就是这样实现的。

　　（3）学习流程规范、精准生产

　　优化完善作业流程是提高效率的前提，没有规范的行为，就没有精益生产。

　　精益生产要求计划周密，预测准确，对上下游供应链能做到及时供给、准确交货，既要保证不良产品为零，也要保证库存为零。

　　不断优化工作流程，消除一切浪费，去掉生产环节中一切无用的东西，撤销一切不增值的岗位；持续改进，精简产品开发设计、生产、管理中一切不产生附加值的工作。长此以往，企业都可以达到企业管理的"七个零"境界。

4.6.3 建立标准作业流程

丰田生产系统专家认为："建立标准化流程和程序，是创造稳定一致绩效的最重要关键。"换言之，当工作是可重复的时候，标准作业程序就好比是已然经过验证的"最佳实务"，可以确保获得稳定、不出错的成果。

不过，标准化的含义不止于此。

精益生产的观点认为"没有标准就没有改善"，任何作业在制定标准之前，是不可能真正改善的。只有标准化作业，让工作流程达到稳定，才能够知道究竟改善了什么、有哪些地方需要被改善。标准化作业持续改进如图 4-10 所示。

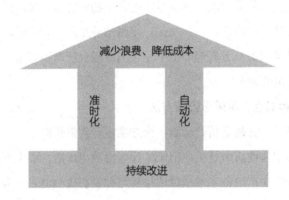

图 4-10　标准化作业持续改进

正如管理学之父彼得·德鲁克所说："效率，就是'以正确的方式做事'；效能，就是'做正确的事'。"

任正非说过："一个新员工，看懂模板，会按模板来做，就已经标准化、职业化了。你三个月就掌握的东西，是前人摸索几十年才摸索出来的东西，你不必再去摸索。"其实，这就是按流程执行的好处所在。它不但可以让一个人迅速熟悉其工作内容，还可以让一个人的工作业绩得到大幅提升。

有一位创业者讲述了一个故事——他如何通过流程化让一个从山区来的保姆迅速成长。

首先他将保姆从早上六点半到晚上十点每个时间段的主要工作、程序、要求、目标、注意事项、易出现的差错等内容、流程做成表格张贴在醒目位置，其次他又对一块玻璃需擦多少次，先擦哪里后擦哪里，需要多少水量，抹布洗几次，以及接听电话的第一句话和最后一句话该怎么说都做了明确规定。

以上这些内容都清晰量化之后，他要求保姆每天熟读两遍，每个月默写一次，作为保姆必修的课程与考核内容进行强化。

经过半年多的重复练习和强制性训练，原本懵懵懂懂的保姆把按以上流程执行变成了自然而然的习惯，每天的工作都有条不紊。

按流程执行可以让我们在工作中减少变异、减少浪费。而减少变异、减少浪费恰恰是精益管理的两个核心理念，这两个管理理念有一个共同的目标——第一次就把事情做对，追求工作或产品的零缺陷。这就意味着，按流程执行不仅可以提高工作效率，保证工作质量，还能减少各种不必要的浪费。

案例　某企业成本控制整体解决之道

价值链是针对垂直一体化的企业的。哈佛大学迈克尔·波特教授认为："每一个企业都是在设计、生产、销售、发送和辅助其产品的过程中进行种种活动的集合体。所有这些活动可以用一个价值链来表明。"

也就是说，企业的活动统一通过价值链来串联。

某企业在成本控制方面，认为企业的价值创造是一系列活动构成的，这些活动可分为基本活动和辅助活动两类，其中基本活动包括内部后勤、生产经营、外部后勤、市场销售、服务等；而辅助活动则包括采购、技术开发、人力资源管理和企业基础设施建设等。这些互不相同但又相互关联的生产经营活动，构成了一个创造价值的动态过程，即价值链。

某企业价值链如图 4-11 所示。

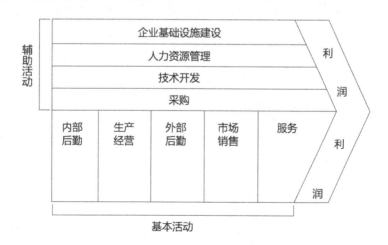

图 4-11　某企业价值链

价值链的各环节之间相互关联，相互影响。

一个环节的经营管理可以影响到其他环节的成本和效益。例如，如果多花一点成本采购高质量的原材料，生产过程中就可以减少工序，少出次品，缩短加工时间。

企业管理是由诸多工作流程组合成的价值链构建的系统工程，价值链是否优化直接决定着资源利用程度和工作效率高低。企业要充分利用快生产工具，以快生产思想为指引，重新识别、优化企业价值链，以"统一、顺畅、高效"为目标，重组、优化流程模块，将流程导向融入管理的各个环节，进而培养以流程为导向的管理行为和组织行为，构建企业的生产流程体系。

另外，统一的指令、节拍很好理解，也就是我们常说的标准化作业。

标准化工作，就是制定标准、组织实施标准和对标准的实施进行监督检查的过程。对于制造型企业而言，从原材料进厂到产品生产、销售等各个环节都要有标准，不仅要有技术标准，而且还要有管理标准、工作标准等，即要建立一个完整的标准化体系。做好企业标准化工作，对开发新产品、改善经营管理、调整产品结构、开拓国内外市场等方面能够发挥重要作用。

该企业发展过程中，引入了 ERP、国际标准化组织、内控体系、法律风险防范体系等管理体系。也就是说，企业管理在很大程度上能够集中和协同，消除多余管理环节，减少"管理内耗"。因此该企业要以"体系整合优化"为核心，对企业范围内的所有管理体系进行协同整合，构建"统一规范、集中高效"的"统一管控体系"。

在企业生产经营活动中，战略发挥着主导作用，而税收筹划则是为实现企业的战略目标服务的。在确定企业发展战略时，需要对外部竞争环境和企业内在因素进行分析评估，在此过程中，作为企业一项重要的成本支出和政策环境——税收，无疑应进入决策者的视野。企业需要筹划在不同战略行为方案下的税务成本。

5.1 为什么要进行税收筹划

税收筹划是在法律许可的范围内合理降低纳税人税负的经济行为。税收筹划是企业根据所处的税务环境，在遵守税法、尊重税法的前提下，规避涉税风险，控制或减轻税负，从而实现企业财务目标的谋划、对策的制定与经营活动的安排。

企业税收筹划作为一项"双向选择"，不仅要求企业依法缴纳税款以及履行税收义务，而且要求税务机关严格依法治税。企业税收筹划在减轻税收负担、获取资金时间价值、实现涉税零风险、追求经济效益和维护自身合法权益等方面具有重要意义。

5.1.1 税务管理离不开税收筹划

一个企业的税务管理，离不开税收筹划。

（1）企业税务管理及其目的

税务管理是指企业对其涉税业务和纳税实务的研究和分析、计划和筹划、处理和监控、协调和沟通、预测和报告的全过程管理行为。企业的管理者，不仅需要掌握一些税务管理的理念和策略，还需要对税务申报的流程进行熟悉和监控，进一步解决实务中出现的问题。

税务管理的目的是规范纳税行为、科学合理地减少税收支出、防范纳税风险。这就表明，税务管理不仅是财务部门为企业缴税，而且是经营部门的事情，应贯穿于企业经营管理的各个环节。如果能把税收筹划做好，那么企业税务管理的能力也会相应提升。

（2）税务管理与税收筹划的关系

税收筹划的目的是实现合理节税、降低企业税负。就其实质而言，税收筹划是企业税务管理的一部分，是一种企业理财行为。如何在有效控制税务风险的前提下，更加合理、有效地进行税收筹划也是企业税务管理的重要内容。

税务管理的主要内容为税收筹划和风险控制。相对于税收筹划，企业税务管理是一个更加系统的管理过程，更加注重纳税的整个环节以及全过程的风险控制，实现税务成本与风险的平衡。

税收筹划与税务管理的内在关系如下。

①税务管理能够有效控制税收筹划过程中存在的税收风险。

虽然税收筹划能够减轻企业税负，提升企业盈利能力，当然也要在税法允许的范围内开展，但是税收筹划过程中存在各种不确定性因素，存在筹划收益偏离纳税人预期的可能性。税收筹划风险大致可划分为三类：国家政策风险、成本－收益风险、执法风险。倘若单纯以降低企业税负为目标，由此造成的涉税风险成本可能远超税收筹划带来的收益，所以更加系统性的、注重风险控制的税务管理不可或缺。这样可以看出税收筹划与税务管理两者相互制约、相辅相成，共同服务于企业战略经营目标的实现。

②税收筹划是税务管理的核心，其他税务管理活动的最终目的是实现科学、合理的税收筹划。

税收筹划是企业税务管理的一部分，也是税务管理的最终目的与价值体现。税收筹划能够有效规避纳税义务之外的税务成本，减轻企业税务负担，改善企业经营成果，从而实现企业价值最大化。企业税务管理的最终目的是在税务风险可控的前提下实现税收筹划，通过系统性、前瞻性的规划，为企业实施税收筹划提供更加灵活的实施空间。企业通过对涉税业务和纳税事务进行系统性分析、筹划、检测、实施，从而为企业税收筹划提供良好的前提条件与实施环境。

（3）税收筹划推动企业税务管理创造价值

税收筹划的本质：行为的合法性或者"非违法性"；时间的事前性；现实的目的性，即减少税务成本和实现利益最大化。

税收筹划 = 业务流程 + 税收政策 + 筹划方法 + 会计处理。

税收筹划推动企业税务管理创造价值，主要体现在以下三个方面。

①有效规避不必要的税务成本。

企业经营的目的是扩大收入，减少成本、费用和税金，以实现企业收益最大化。其中合法、有效的税收筹划能够规避纳税义务之外的税务成本，扩大其税后利润。税务成本体现在两个方面：第一，税收实体成本，包括企业应交的各项税金；第二，税收处罚成本，主要是指企业纳税行为不当造成的税收滞纳金和罚款。税收筹划能够节约企业的税收实体成本，避免税收处罚成本。

税收筹划合理节约税务成本的作用主要体现在企业筹资、投资、经营过程中。

企业在筹资过程中，通过分析其资本结构对企业预期收益和税负的影响，选择合适的融资渠道，实现企业税负的有效控制、所有者权益的最大化。如企业通过借款融入资金时存在"税盾效应"，即企业融资过程中产生的利息支出可作为费用列支，并允许企业在计算其所得额时扣减，然而企业的股利支付却不能作为费用列支。故而企业可通过借入资金实现降低税负的目的。

企业在投资过程中，通过选择符合国家产业政策的投资方向、享受税收优惠的投资地点、享受免税或税收抵减的投资方式，实现企业税负的减轻。

企业在经营过程中，通过对存货、固定资产折旧、费用分摊、坏账等进行会计处理，在不同会计年度实现不同的企业所得额，从而实现企业应交税款的递延，提高了企业资金使用效率。如企业在进行存货计价时，在符合当前税法规定和会计制度规定的前提下，使发货成本最大化，从而使企业账面利润减少；采用加速折旧法，增加当期折旧金额；采用最有利的坏账核算办法，降低企业所得额等。

企业作为市场经济纳税主体，一方面应依法承担应尽的纳税义务；另一方面也应积极维护自身税收权益，合理规避不必要的纳税。

企业实施税收筹划，应从依法纳税的角度，积极争取自身权益，合理节约税收。

②促进企业优化资源配置，提升企业竞争力。

企业为享受税收优惠政策，根据国家制定的产业政策投资和开展经营活动。这在客观上使得企业符合产业发展规律，逐步使企业走上产业结构优化、生产力布局合理的道路，使得企业将生产资源配置到全要素生产效率更高、能源消耗更低的新型产品生产中，为企业未来发展做出合理的规划与配置，无形中提升企业的核心竞争力。

③有助于提升企业财务管理水平。

税收筹划要求企业具备成熟的财务会计制度，要求财务人员具备全面、扎实的税务知识与实务处理能力。税收筹划要求企业拥有规范的财务管理和会计分析能力，以及一支业务精专、能力突出的税务处理团队。

同时，税收筹划必将不断促使财务人员加强对税务法律、法规和财务会计知识的学习，不断更新知识结构，从而实现财务人员综合素质的不断提升。

总之，税收筹划的动力机制：减轻税收负担（直接减少应纳税款）；实现涉税零风险（间接的经济利益）；获取资金时间价值；维护主体的合法权益。

5.1.2 税收筹划的策略

通常，企业税务价值包括两个方面：有形价值及无形价值。有形价值是指企业在合法的前提下通过适当的税务安排，减轻企业的税负。这种价值的具体表现是通过合理节税、税收筹划节省企业税款支出。无形价值则是指企业良好的税务管理可以帮助企业形成良好的声誉，提升企业的社会形象，有助于企业吸引人才、资本市场融资等。

对企业税务价值的理解不同，形成了三种不同的税收筹划策略："激进"的税收筹划策略、"保守"的税收筹划策略、"激进＋保守"的税收筹划策略。具体如表5-1所示。

表 5-1　税收筹划策略的具体内容

税收筹划策略	特点
"激进"的税收筹划策略	以一种进攻的姿态，积极找机会减免税款和延期纳税，来增加收入和利润。但是这种策略的风险大，并有可能被罚款
"保守"的税收筹划策略	这种策略更加注重税务风险。优点是风险较小，很少会被惩罚，但有可能多交了税企之间尚存争议的税款
"激进＋保守"的税收筹划策略	不同的税种，选择不同的策略。此策略的特点是风险较低、可控性较好。此策略被大多数企业采用

在税收筹划策略的选取上，有的企业已认识到，保护企业税务价值也是在创造财富，在税收筹划策略选择上，应根据企业的特点选取适当的税收筹划策略，既达到适当节税的目的，又使税务风险处于可控状态。基于这样的目的，"激进＋保守"的税收筹划策略越来越受到青睐。

对于"激进＋保守"的税收筹划策略，企业需要关注的是将涉税的政策及时上传下达，使部门之间及时沟通、配合。涉税工作岗位的人员首先应了解约谈需要回答和自查的具体问题，如果有具体的涉税风险问题文字资料，最好取得相关文字资料；如果没有详细的文字资料，税务机关只是电话通知，建议做好详细记录。约谈后，涉税工作岗位的人员应针对税务机关反映的问题认真进行自查，看企业是否存在税务机关反映的问题。如果没有，做好解释说明；如果存在，及时自查整改。

不管企业选择哪种税收筹划策略，都应该事先建立控制税务风险的方案，明确企业不同机构和人员的涉税职责。

（1）董事会应负责税收筹划策略的选择，以及企业重大决策（如重组、并购等）涉税处理方法的决断。

（2）高管需要关注如何将涉税信息、政策及时、准确地上传下达，如何协调部门之间的配合，如何应对税务约谈。

（3）涉税岗位工作人员需关注如何掌握、理解政策的尺度及运用方法，特别是应对税务约谈时的注意事项。

综上所述，税收筹划策略要兼具前瞻性和可操作性，在税务风险可控的前提下，企业要有效地保护自身的税务价值。

5.1.3 税收筹划的空间

税收筹划的空间，即现行税收法律政策范围内可用于策划节税方案的操作范围。一般来说，税收筹划的空间由以下几项内容构成，如图 5-1 所示。

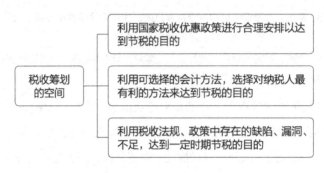

图 5-1 税收筹划的空间

因此，管理人员在工作中必须运筹帷幄，具备较高的税收筹划水平，具有对税收政策深层加工的能力，以保证税收筹划方案的合法性，最大限度地给企业带来经济利益。

案例 A 公司税收筹划与节税

A 公司将总部设在了沿海经济特区，享受 10% 的所得税税率优惠。其产品生产由 A 公司设在内陆地区的 B 公司完成，B 公司适用 25% 的比例税率。A 公司每年从 B 公司购进产品 100 万件出口，进价每件 6.8 元，售价每件 8.3 元。这种产品的生产成本为 5.2 元 / 件。两家公司的利润与应交税款计算如下。

A 公司年利润额 =（8.3-6.8）×100 = 150（万元）

A 公司应纳所得税 = 150×10% = 15（万元）

B 公司年利润额 =（6.8-5.2）×100 = 160（万元）

B 公司应纳所得税 = 160×25% = 40（万元）

A、B 两公司总共缴纳所得税 = 15+40 = 55（万元）

出于节税的目的，可以将税率高的 B 公司的部分利润转移到 A 公司。若 A 公司从 B 公司购进产品的单价为 6 元 / 件，而仍以 8.3 元 / 件售出。

A 公司年利润额 =（8.3-6.0）×100 = 230（万元）

A 公司应纳所得税 = 230×10% = 23（万元）

B 公司年利润额 =（6.0-5.2）×100 = 80（万元）

B 公司应纳所得税＝ 80×25% ＝ 20（万元）

A、B 两家公司一共缴纳企业所得税＝ 23+20 ＝ 43（万元）

这两家公司利润转移前，两公司年利润总和为 150+160 ＝ 310（万元）；利润转移后的总利润为 230+80 ＝ 310（万元）。利润转移前后，两家公司的总利润相等，只是在采用转移定价后，两家公司应该缴纳的所得税减少了 55-43 ＝ 12（万元）。只要企业能寻找到两个税率相差更大的地区，在这两家企业间进行贸易和合作，贸易的额度越大，所能节省的税收就会越多。

5.2 企业常见的合理节税方法

合法节税是指在尊重税法、依法纳税的前提下，纳税人采取适当的手段，减少税务上的支出。合理节税并不是逃税、漏税，它是正常合法的活动；合理节税也不仅是财务部门的事，还需要市场、商务等各个部门的合作，从合同签订、款项收付等各个方面入手。

5.2.1 注册到 "低税率区"

企业在合法的前提下，可以利用国际节税地节税。注册建立 "信箱公司"，通过 "中介" 业务，借助 "低进高出" 的转移定价机制，向 "信箱公司" 转移财产、利润和其他所得，以减轻、规避母公司或其他子公司所在国的高额税负。

这样的国际 "低税率区" 类似 "税收洼地"。在某地区注册公司主体，该公司主体可以享受该地区的相关税收优惠政策，达到合理合法节税的效果。

例如有 "节税天堂" 之称的英属维尔京群岛，在全世界所有能自由进行公司注册的节税港中，英属维尔京群岛的注册要求最低，监管力度最小。在那里，设立注册资本在 5 万美元以下的公司，最低注册费仅为 300 美元，加上牌照费、手续费，当地政府总共收取 980 美元，此后每年只要交 600 美元的营业执照续费即可。利用国际节税地节税如图 5-2 所示。

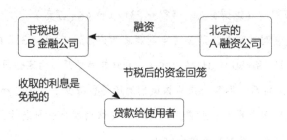

图 5-2　利用国际节税地节税

同样，我们来看国内的"低税率区"。

凡是在经济特区、沿海经济开发区和经济技术开发区所在城市的老市区以及国家认定的高新技术产业区、保税区设立的生产、经营、服务型企业和从事高新技术开发的企业，都可享受较大力度的税收优惠。中小企业在选择投资地点时，可以有目的地选择以上特定区域从事投资和生产经营活动，从而享受更多税收优惠。

5.2.2　进入特殊行业

一些行业属于法定免税的行业。这类免税一般由有税收立法权的决策机关规定，并列入相应税种的税收法律、税收条例和实施细则之中。这类免税条款，免税期限一般较长或无期限，免税内容具有较强的稳定性，一旦列入税法，没有特殊情况，一般不会修改或取消。这类免税主要是从国家（或地区）国民经济宏观发展及产业规划的大局出发，对一些需要鼓励发展的项目或关系社会稳定的行业领域，给予的税收扶持或照顾，具有长期的适用性和较强的政策性。

企业可以选择进入特殊行业节税，比如服务业的免税规定：托儿所、幼儿园、养老院、残疾人福利机构提供的养育服务，免缴增值税；婚姻介绍、殡葬服务，免缴增值税；医院、诊所和其他医疗机构提供的医疗服务，免缴增值税；残疾人员个人提供的劳务，免缴增值税。

当然，企业还需要关注最近各行业可享受的相关税收优惠政策。

5.2.3　降低经营风险和福利负担

中小企业私营业主在生产经营过程中，可考虑在不超过计税工资的范畴适当提高员工工资，为员工办理医疗保险，建立职工养老基金、失业保险基金和职工教育基金等统筹基金，购买企业财产保险和运输保险等。

这些费用可以在成本中列支，同时也能够帮助私营业主调动员工积极性，减轻税负，降低经营风险和减轻福利负担。企业能以较低的成本支出赢得良好的综合效益。

同时，我们要了解企业可不为员工缴纳社保的 5 种合法情形。

（1）离退休人员再任职，与企业签订劳动合同

劳动者开始依法享受基本养老保险待遇的，劳动合同终止。因此，企业不用为依法享受基本养老保险待遇的返聘员工缴纳社保。

（2）提供非独立劳务的兼职人员

提供非独立劳务的兼职人员是指在不脱离本职工作的情况下，利用业余时间从事第二职业，为第三方提供体力或脑力劳动的人员。兼职人员本身有自己的工作，签订劳动合同和缴纳社会保险，均由工作单位办理，和兼职无关。兼职人员不签订劳动合同，但是可以签订兼职协议，或者其他合同，企业也不用为其缴纳社保。

（3）企业接受的劳务派遣人员，并由接受企业支付工资

劳务派遣单位派遣劳动者应当与接受以劳务派遣形式用工的单位（以下称"用工单位"）订立劳务派遣协议。若劳务派遣协议中约定，劳务派遣人员的考勤和工资发放比照自有员工处理，社保和公积金缴纳由劳务派遣公司负责。此时用工单位支付给劳务派遣员工的费用，不论在个人所得税还是企业所得税中均认定为工资、薪金项目。派遣人员已由劳务派遣单位缴纳社保的，用工单位可以不用为这部分人员缴纳社保。

（4）企业接收在校实习生，签订实习协议

一般来说，大学生实习并不足以形成劳动关系，实习是大学生学习知识和实践的一种途径。无论实习单位由学校安排，还是学生自己联系，实习的目的都不在于获取报酬而在于获得专业知识和实践经验。高校大学生与实习单位并未建立事实劳动关系，所以实习单位不需要为其缴纳社保。

（5）以个体户外包企业业务

将生产线上的员工，以组为单位成立个体工商户，员工工资便成了个体工商户的利润，而个体工商户享受一定限额的免税政策，同时个体工商户还可以给企业开具发票，降低成本。

5.2.4 通过筹资技术节税

这一方法就是利用一定的筹资技术，使得企业达到最高的利润水平和最低的税负水平。一般来说，企业生产经营所需资金来源主要有三个渠道。

（1）自我积累。

（2）借贷（金融机构贷款或发行债券）。

（3）发行股票。

自我积累的资金是企业税后分配的利润，而股票发行应该支付的股利也是税后利润的一部分，二者都不能抵减当期应缴纳的所得税，因而达不到节税的目的。

借贷的利息支出从税前利润中扣减，可以冲减利润而达到节税的目的。

5.2.5 资产租赁

租赁是指出租人以收取租金为条件，在契约或合同规定的期限内，将资产租借给承租人使用的一种经济行为。从承租人的角度来说，租赁可以使企业免受购买机器设备带来的负担和免遭设备陈旧过时的风险。租金从税前利润中扣减，可冲减利润而达到节税的目的。

5.2.6 分摊费用

分摊费用节税，是指在保证费用支出最少的前提下，采用一定的方法使费用摊入成本时实现最大摊入，以达到最大限度地节税的目的。

企业生产经营过程中发生的各项费用要按一定的方法摊入成本。费用分摊就是指企业在保证费用必要支出的前提下，想办法从账目中找到平衡，使费用摊入成本时尽可能地最大摊入，从而实现最大限度地节税。

分摊费用的方法包括一次费用分摊、平均摊销等。

费用分摊方法不同，会影响企业的成本费用总额，从而影响利润和企业的应纳税额。在利用不同的费用分摊方法进行税收筹划时，应注意的问题：如何实现费用的最小支付；在将费用摊入成本时怎样实现最大摊入。

企业的费用分为销售费用、财务费用、管理费用三类。税收筹划时，应特别注意的是：如何将各种合理的费用最大限度地摊入成本，以减轻企业税负；如何能及时或尽早地将费用摊入成本费用总额，以达到延迟纳税的目的。

在生产经营过程中具体地选用费用分摊法来调整当期的损益，应当注意以下几点。

首先，充分预计应由本期负担而在以后发生的各项费用，将其计入待摊费用，并分摊计入各期成本。将应由本期负担的费用尽可能全面地计入本期成本，从而达到最大限度地抵销当期利润、减轻当期税负的目的。

其次，设立各种准备金制度，按照一定标准预提各种准备金并计入费用，从而可达到抵销当期利润、减轻税负的目的，实现延迟纳税。

最后，尽量缩短各种待摊费用分摊计入成本的期限和各种无形资产、递延资产分摊计入费用的期限，以达到延迟纳税的目的。

下面具体分析销售费用、财务费用和管理费用等期间费用的税收筹划方法。其税收筹划应从以下几个方面考虑。

（1）本着厉行节约的原则，应注意节约开支

企业每年发生的各项费用应事先做好预算，除了考虑生产、经营的需要，还要兼顾税前扣除额的限制。例如，根据新企业所得税法，业务招待费税前最多只能扣除60%，不超过当年销售（营业）收入的5‰。

（2）企业应将会议费、差旅费等与业务招待费等严格区分

业务招待费在所得税前是按比例计算扣除的，而纳税人发生的与其经营活动有关的合理的差旅费、会议费、董事费，只要能够提供证明其真实性的合法凭证，均可全额扣除，不受比例的限制。

（3）无须区分广告费和业务宣传费，但企业应注意广告费的税前扣除条件

根据企业所得税法，企业每一纳税年度的广告费和业务宣传费支出不超过销售收入15%的，可据实扣除，超过部分可向以后纳税年度结转。

允许税前扣除的广告费支出，必须符合下列条件：广告是通过经工商部门批准的专门机构制作的；已实际支付费用，并已取得相应发票；通过一定的媒体传播。不同时符合上述条件的广告费，应作为业务宣传费处理。

（4）通过设立销售公司等分支机构分摊费用

业务招待费、广告费和业务宣传费均是以销售（营业）收入为依据计算扣除标准的，如果纳税人将总公司的销售部门设立成一个独立核算的销售公司，将总公司生产的产品先销售给销售公司，再由销售公司对外销售，这样就增加了一个环节的销售（营业）收入，而整个利益集团的利润总额并未改变，在这种情况下，费用扣除的"限制"可同时消除。

案例　通过设立销售子公司节税

甲公司 2020 年度实现产品销售收入 8 000 万元，管理费用中列支业务招待费 100 万元，销售费用中列支广告费 1 100 万元、业务宣传费 200 万元，税前会计利润总额为 200 万元。按税法扣除比例规定，其可扣除的业务招待费为 40 万元（100×60%＞8 000×5‰），业务招待费超支额为 60 万元（100-40）；税前可扣除的广告费和业务宣传费合计为 1 200 万元（8 000×15%），超支额为 100 万元（1 100+200-1 200）。

甲公司总计应纳税所得额为 360 万元（200+60+100），应纳所得税为 90 万元。

思考：有什么办法可以增加税前扣除比例？

筹划思路：甲公司可以下设一独立核算的销售子公司乙公司。甲公司先将产品以 7 200 万元的价格销售给乙公司，乙公司再以 8 000 万元的价格对外销售。甲公司与乙公司发生的业务招待费分别为 60 万元、40 万元，广告费分别为 600 万元、500万元，业务宣传费分别为 120 万元、80 万元。假设甲公司的税前利润为 80 万元，乙公司的税前利润为 120 万元，则两公司分别缴纳企业所得税，甲、乙公司税前可以扣除的业务招待费分别为 36 万元、24 万元，合计可扣除 60 万元。此时，业务招待费总额未增长，但税前多扣除 20 万元。

甲、乙两公司广告费、业务宣传费总额并未增长，但两公司两项费用均不超过税法规定标准。

甲公司应纳所得税＝（80+24）×25%＝26（万元）

乙公司应纳所得税＝（120+16）×25%＝34（万元）

整个利益集团应纳所得税为 60 万元，节省所得税 30 万元。

设立销售子公司除了可以节税外，对扩大产品销售市场，加强销售管理均具有重要意义，但也会因此增加一些管理成本。纳税人应根据企业自身特点，从长远利益考虑，决定是否设立销售子公司。

案例　星巴克的国际节税

咖啡连锁企业美国星巴克公司在英国已经营十几年，虽然业绩一直不错但纳税却微乎其微。为什么像星巴克这样的跨国公司能在英国堂而皇之地不用缴纳任何所得税？

国外某机构调查显示，星巴克在英国 14 年营业额达 30 亿英镑（约合 48 亿美元），但累计缴纳公司所得税仅为 860 万英镑（约合 1 376 万美元），纳税额低于营业额的 1%。

同样，其他跨国企业也有类似缴税问题。

5.3　企业合理节税方略

税收，是指国家为实现国家职能，凭借政治权力，按照法律规定的标准，无偿取得财政收入的一种特定分配方式。企业选择合理节税方略，可以达到少交税款的目标，从而降低企业运营成本，增加净利润。

5.3.1　区别偷税、漏税、骗税与节税

掌握企业合理节税方略，首先要了解偷税、漏税、骗税与节税，区分它们之间的不同。

（1）偷税

纳税人伪造、变造、隐匿、擅自销毁账簿、记账凭证，或者在账簿上多列支出或者不列、少列收入，或者经税务机关通知申报而拒不申报，或者进行虚假的纳税申报，不交或者少交应纳税款的，属于偷税。

对纳税人偷税的，由税务机关追缴其不缴或者少缴的税款、滞纳金，并处不缴或者少缴税款的 50% 以上 5 倍以下的罚款；构成犯罪的，依法追究刑事责任，

具体规定如下。

偷税数额占应交税额的 10% 以上不满 30%，且偷税数额在 1 万元以上 10 万元以下的；或者偷税被税务机关给予两次行政处罚又偷税的，处 3 年以下有期徒刑或拘役，并处 1 倍以上 5 倍以下罚金。

偷税数额占应交税额的 30% 以上且数额在 10 万元以上的，处 3 年以上 7 年以下有期徒刑，并处 1 倍以上 5 倍以下罚金。

表 5-2 所示为偷税的手段。

表 5-2　偷税的手段

偷税的手段	具体内容
伪造、变造、隐匿、擅自销毁账簿、记账凭证	纳税人伪造、变造、隐匿、擅自销毁用于记账的发票等原始凭证的行为
在账簿上多列支出或不列、少列收入	纳税人非法取得虚开的增值税专用发票上注明的税额已经记入"应交税费"科目做进项税额，构成"在账簿上多列支出或者不列、少列收入"的行为
经税务机关通知申报而拒不申报纳税	纳税人、扣缴义务人已经依法办理税务登记或者扣缴税款登记，经税务机关通知申报后，拒不申报纳税；依法不需要办理税务登记的纳税人，经税务机关依法书面通知其申报，拒不申报纳税；尚未依法办理税务登记、扣缴税款登记的纳税人、扣缴义务人，经税务机关依法书面通知其申报，拒不申报纳税
虚假纳税申报	虚假的纳税申报，是指纳税人或者扣缴义务人向税务机关报送虚假的纳税申报表、财务报表以及代扣代缴、代收代缴税款报告表或者其他纳税申报资料，如提供虚假申请，编造减税、免税、抵税、先征收后退还税款等虚假资料等。主要表现是申报表、申报资料与纳税人账簿记载的内容不一致
缴纳税款后，以假报出口或者其他欺骗手段，骗取所缴纳的税款	纳税人先缴纳了税款，然后以假报出口或者其他欺骗手段骗取所缴纳的税款，这种情况下，应当认定为偷税

例如，某省税务局稽查局调查到，某市某啤酒有限公司（以下简称"啤酒公司"）在最近 3 年内共购进麦芽 2.6 万吨，以每吨麦芽可生产 8 吨啤酒计算与其实际经营情况极不相符，存在虚假做账、隐瞒销售收入的重大偷税嫌疑。

稽查人员对公司仓储部、销售部进行了突击实地核查，查获了"送酒单""赠酒单"两种原始单证，成为突破案件的重要证据。最终查明，该啤酒公司销售啤酒 19 558 吨，采取账外经营，资金体外循环，在账簿上少列收入 3 316 万元，少缴纳增值税数百万元。

（2）漏税

漏税是按照税法规定计算错误，不是主观上想少缴税，而是客观原因导致的少缴税行为。漏税应承担的法律责任，与偷税相同。

（3）骗税

骗税是指纳税人以假报出口或者其他欺骗手段，骗取出口退税款的行为，也是指企业、事业单位采取对所生产或者经营的商品假报出口等欺骗手段，骗取国家出口退税款的行为。

骗税与偷税的区别如表 5-3 所示。

表 5-3　骗税与偷税的区别

骗税	偷税
已缴到国库的税款骗归自己所有	采取非法手段不缴或者少缴应纳税款，税款还没有缴到国库
采取假报出口、虚报价格、伪造涂改报关单等手段	采取的是伪造、变造、隐匿、擅自销毁账簿、记账凭证，或在账簿上多列支出或不列、少列收入，或进行虚假的纳税申报等手段

（4）节税

节税是指纳税人利用税法上的漏洞或税法允许的办法，做适当的财务安排或税收筹划，在不违反税法规定的前提下，达到减轻或解除税负目的的行为。

节税不等同于逃税，主要区别如表 5-4 所示。

表 5-4　节税与逃税的区别

区别	节税	逃税
适用的法律不同	适用与涉外经济活动有关的法律、法规	仅适用国内的税法规范
适用的对象不同	针对外商投资、独资、合作等企业、个人	仅为国内的公民、法人和其他组织
各自行为方式不同	纳税人通过对经营及财务活动的人为安排，以达到规避纳税或减轻纳税负担的目的的行为	从事生产、经营活动的纳税人，在纳税到期前，实施转移、隐匿其应纳税的商品、货物、其他财产及收入的行为，以达到逃避纳税义务的目的

①节税就是创造利益。

合理节税能将企业的税收最小化。纳税人在熟知相关税境的税收法规的基础上，在不触犯税法的前提下，通过对经营活动、筹资活动、投资活动等涉税事项精心安排，达到规避纳税或减轻税负的目的。它是纳税人在履行应尽法律义务的前提下，运用税法赋予的权利保护自己既得利益的手段。

②合理节税的特征。

合理节税的特征如图5-3所示。

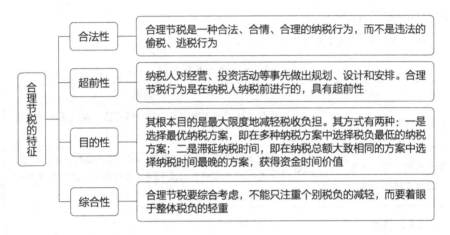

图5-3 合理节税的特征

③合理节税的原则。

在实施合理节税方案时，应遵循的几点原则如图5-4所示。

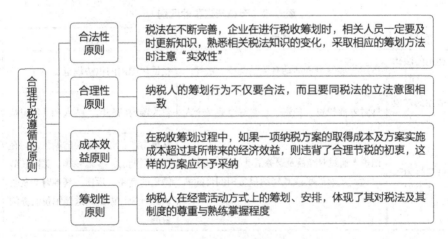

图5-4 合理节税遵循的原则

④合理节税的首要条件。

合理节税是有条件的，即依法纳税、依法尽其义务，按照《中华人民共和国税收征收管理法》及其细则和具体税种的法规条例，按时足额缴纳税款。只有在这个基础上，才能进行合理节税，才能视合理节税为企业的权利，节税才能受到法律和社会的认可和保护。

一般合理节税的首要条件主要有以下几点，如表 5-5 所示。

表 5-5　合理节税的首要条件

名称	具体内容
合理节税的首要条件	必须具有一定的法律知识，能够了解什么是合法、什么是非法，并划清合法与非法的界限，在总体上保证自身的经济活动和有关行为的合法性
	应该深刻了解和研究税法和政府征收税款的具体方法
	必须具有一定的经营规模和收入规模，值得为有效的节税行为付出代价。因为在一般情况下，合理节税应该请有关专业人员进行税收筹划，这是需要付出代价的

⑤合理节税的意义。

合理节税的意义主要表现在以下几个方面，如表 5-6 所示。

表 5-6　合理节税的意义

意义	具体内容
有助于实现纳税人经济利益最大化的企业经营目标	在熟知相关法律的基础上，利用法律的优惠政策，有意识地进行纳税行为的筹划，减轻纳税人的税收负担，减少纳税人的经营成本和费用，防止纳税人增加不必要的成本和货币资金流出
有助于提高企业的经营管理水平	不仅仅是对企业有关涉税事宜的筹划，更是对企业生产、销售等各个环节的统筹安排，这些是由税收筹划方案统一体现的。税收筹划方案的制定和运作，都是贯穿在整个企业管理过程中的，需要企业各个部门之间顺畅无阻地配合才能实现
有助于推进我国税收法制化的进程	纳税人的税收筹划行为与税务机关征管行为的互动博弈，一方面可以增强纳税人自觉运用法律的意识，另一方面也将进一步促进税收法制的完善
有利于实现社会资源的优化配置	纳税人会从经济利益最大化的目标出发，自觉地运用税收优惠政策，调整自己的经济行为，尽量避免税收负担较重的投资和经营，选择税收负担较轻的投资和经营，引导社会资源和资金流向宏观调控所指向的领域。因此，税收筹划实际上顺应了国家对社会资源配置的引导，优化了社会经济资源的配置，实现了国民经济持续、健康、快速发展

5.3.2　合理个人所得税节税方案

利用税收优惠政策寻求合理、合法的节税途径，是经济社会中维护个人权利、激励人奋发向上、实现理想追求的有利条件。在积极纳税的同时，寻求合理节税的途径对每个纳税人来说都非常现实，很有必要。

通过合理减负个人所得税可以提高个人可支配收入，减轻个人或家庭负担。

个人所得税的常用节税方法如下。

（1）差旅费补贴是因出差产生的，不计税，标准参照当地税务机关规定。如，差旅费津贴200元、误餐补助200元，超过部分并入"工资、薪金所得"项目征收个人所得税。

（2）职工离职有个人所得税优惠。员工领取的离职补偿金在当地员工年平均工资三倍以内的免缴个人所得税。

（3）通信费：单位因工作需要为个人负担的办公通信费，采取全额或限额实报实销的，暂按每人每月不超过300元标准，凭合法凭证，不计入个人当月工资、薪金收入征收个人所得税。

单位为个人负担办公通信费以补贴及其他形式发放的，应计入个人当月工资、薪金收入征收个人所得税。

（4）职工夏季防暑降温清凉饮料费，以报销形式发放可以不计税，随工资发放要缴税。

（5）提高福利，降工资。西安高新区一公司聘用高管，计划支付年薪120万元。为了合理节税，该公司与高管达成协议，将年薪降为80万元，同时给高管提供一套现房和一辆车。此外，该公司鉴于员工以技术性员工居多、聘用合同期相对较长等特点，又适当降低员工名义工资，同时为员工提供宿舍以及将缴纳的公积金、养老保险等金额适当提高，从而提高员工福利。粗略计算，该公司高管因此至少少缴纳40%的个人所得税。

增加工资、薪金收入能满足消费需求，但由于工资、薪金个人所得税的税率采用超额累进税率，当累进到一定程度，新增工资、薪金带给个人的可支配收入就逐步减少。因此想办法降低名义收入，把个人现金性工资转为提供必需的福利待遇，这样既满足了消费需求，又可少缴纳个人所得税。

（6）劳务报酬工资化。某私企总经理，雇别人经营自己的私企，自己又在另一家公司工作，每月工资约为 4 000 元。他一开始没有与这家公司签任何合同，则 4 000 元作为劳务报酬所得，应纳税额 = （4 000-800）×20%=640（元）。但后来经过咨询，假如他与该公司建立雇佣关系，则 4 000 元作为工资、薪金收入免征个人所得税，与之前相比每月节税 640 元。

（7）高工资月分出部分到后面的低收入月。某公司业务员，平常工资一般为 5 000 ～ 8 000 元，6 月是业务旺季，该业务员提成收入高，合计工资收入 30 000 元，如果将 6 月的部分工资分摊到其他月份，则可以减少他的个人所得税。对于收入很不稳定的人尤其适用这种办法，这种方法叫作削峰平谷。

5.3.3　企业节税小妙招

企业节税有哪些小妙招呢？

（1）存款少可迟缴税

企业申报以后就应该及时缴税，但如果存款少则可以申请迟缴。存款少到什么情况可以迟缴税？可动用的银行存款不足以支付当期工资，或者支付工资以后不足以支付应交税费。

注意：可动用的银行存款不包括企业不能支付的公积金存款、国家指定用途的存款、各项专用存款。

当期工资是企业根据工资制度计算出的应付职工薪酬。

如果出现以上情况，企业应及时申请，办理延期缴纳税款的手续。

（2）看损耗是否正常

企业生产过程中存在各种损耗，投入的原料一部分损耗了，一部分形成产品。在增值税里，正常损耗的进项税额可以抵扣，非正常损耗的进项税额不能抵扣，要转出。因此，正确划分正常损耗和非正常损耗对企业纳税非常重要。

某家化工厂，因为天气炎热，原料挥发了一部分，盘点发现损失。税务管理员认为这是自然灾害造成的，属于非正常损耗。但是天气炎热还没有达到自然灾害的程度，怎么能说是非正常损耗？对税务规定不熟悉的人又会付出代价。

（3）各行各业有特例

税务法规有一般的规定，也有针对特殊情况、各个行业的特殊规定。如果对自身行业的特殊规定不了解，企业也会蒙受损失。

（4）预收账款也要缴税

根据我国税法规定，预收款在发出货物时才产生纳税义务。

有些企业预收款缴税是因为对方要求开具发票。其实，收到预收款，向对方开具预收款凭证就可以了。预收款凭证不属于发票，所以税务机关不监制预收款凭证。

（5）做善事也有讲究

企业对外要承担社会责任，每当遇到天灾人祸，作为一个有责任的企业家就会热心公益事业，捐款捐物，奉献一片爱心。

做善事也与纳税有关。企业对外捐赠款项和实物，一是可能涉及视同销售，需缴纳增值税，因此，在捐赠的时候，要考虑到后面的税务负担；二是捐赠要合理计入成本费用，还要符合税务上的条件，包括需要通过国家税务机关认可的单位和渠道捐赠，例如政府机关、民政部门、慈善机构，另外还需要有符合税法规定接受捐赠的专用收据。如果不符合条件，捐赠不能计入成本费用，还要缴纳所得税。

（6）遭遇意外要报案

在外出差，手提计算机不小心被偷。有一件事千万要记住：这件事与纳税还有关系。丢失手提计算机属于财产损失，要凭相关证明在公司的成本费用中列支。

丢了计算机以后，要及时到公安机关报案，取得相关证明，回来提交给财务部门，作为证据。如果没有证据，损失不能列入成本，那么丢失的不仅仅是一台计算机。

类似的意外要同样处理，这样才能避免损失扩大。

（7）运杂费不是运费

企业销售产品、采购原材料的运费可以计算抵扣进项税额，但是按规定，其他杂费不能抵扣，例如装卸费、保险费等。运输方在开具发票的时候要将运费与其他杂费分开，托运方按运费计算可以抵扣的金额。有些采购、营销人员不了解税务上的规定，对对方开票的内容没有留意，后来才发现对方在摘要栏写了运杂费，不能抵扣。

所以，企业财务人员一定要让管理人员都明白：运费与运杂费不是一回事，少出差错就能少缴税。

（8）赠得巧，送得妙

一件 2 000 元的电器，送一件 400 元的小家电，合计 2 400 元而实际收2 000 元。如果是赠送行为，要按 2 400 元缴纳增值税。现在重新设计方案：将两件产品卖给顾客，给予顾客 400 元的折扣，其中，2 000 元的电器给予 15%的折扣，400 元的小家电给予 25% 的折扣，这样，对顾客而言，实际支付2 000 元，与买一送一的效果是一样的；而对于商场而言，由于是价格折扣，实际上没有赠送行为，只需按 2 000 元实际营业额缴纳增值税。

有些营销人员认为这样做很无聊。改变方式就符合税法，不改变就要多缴52（400×13%）元的增值税，这对企业的纳税而言，不是一件无聊的事情。

5.3.4　会计核算中规避税务风险

会计核算中怎样规避税务风险？

在会计实务中，很多企业存在一些共性的会计核算不规范、潜在税务风险较大的问题。那么，如何规范会计核算，规避税务风险呢？

（1）企业出资购买房屋、汽车，权利人却写成股东，而不是付出资金的单位。

（2）账面上列示股东的应收账款或其他应收款。

（3）成本费用中企业费用与股东个人消费混杂在一起不能划分清楚。

按照《中华人民共和国个人所得税法》及国家税务总局的有关规定，上述事项视同股东从企业分得了股利，企业必须代扣代缴个人所得税，相关费用不得计入企业成本费用。这样会给企业带来额外的税负。

（4）未成立工会组织的，仍按工资、薪金总额一定比例计提工会经费，支出时也未取得工会组织开具的专用单据。

（5）不按计税标准规定的标准计提固定资产折旧，在申报企业所得税时又未做纳税调整，有的企业存在跨纳税年度补提折旧的行为（根据相关税法的规定，成本费用不得跨期列支）。

（6）生产性企业在计算成品成本、生产成本时，记账凭证后未附料、工、费耗用清单，无计算依据。

（7）计算产品（商品）销售成本时，未附销售成本计算表。

（8）在以现金方式支付员工工资时，无员工签领确认的工资单，工资单与用工合同、社保清单三者均不能有效衔接。

（9）开办费用在取得收入的当年全额计入当期成本费用，未做纳税调整。

（10）未按权责发生制的原则，没有依据地随意计提期间费用；或在年末预提无合理依据的费用。

（11）商业保险费计入当期费用，未做纳税调整。

（12）生产性企业原材料暂估入库，把相关的进项税额也暂估在内，若该批材料当年耗用，对当年的销售成本造成影响。

（13）员工以定额发票报销，或采用过期票、连号票或税法限额报销的发票（如餐票等），造成这些费用不能税前列支。

（14）应付款项挂账多年，如超过三年未偿还应纳入当期应纳税所得额，但企业未做纳税调整。

上述（4）～（14）项均涉及企业所得税未按《中华人民共和国企业所得税法实施条例》及国家税务总局的相关规定计征，在税务稽查时会带来补税、罚税加收滞纳金的风险。

（15）增值税的核算不规范，未按规定的产品分项分栏目记账，造成增值税核算混乱，给税务检查时核实应纳税款带来麻烦。

（16）运用"发出商品"科目核算发出的存货，引起缴纳增值税时间上的混乱，增值税暂行条例规定，商品（产品）发出后，纳税人即负有纳税义务（不论是否开具发票）。

（17）研发部领用原材料、非正常损耗原材料，原材料所负担的进项税额并没有做转出处理。

（18）销售废料，没有计提并缴纳增值税。

（19）对外捐赠原材料、产成品没有分解为按公允价值对外销售及对外捐赠两项业务处理。

上述（15）～（19）项均涉及企业增值税未按《中华人民共和国增值税暂行条例》及国家税务总局的相关规定计提销项税、进行进项税转出及进行有关增值税的其他核算，在税务稽查时会带来补税、罚款及加收滞纳金的风险。

（20）企业组织员工旅游的花费，直接作为企业费用支出，未合并计入工资、薪金总额计提并缴纳个人所得税。

（21）很多企业财务人员忽视了印花税（如资本印花税，运输、租赁、购销合同的印花税等）的申报。印花税的征管特点是轻税重罚。

（22）很多企业财务人员忽视了房产税的申报。关联方提供办公场地、生产场地给企业使用，未按规定申报房产税，在税务稽查时会带来补税、罚款及加收滞纳金的风险。

5.3.5　税收优惠政策

税收优惠政策是指税法对某些纳税人和征税对象给予鼓励和照顾的一种特殊规定，比如，免除其应交的全部或部分税款，或者按照其缴纳税款的一定比例给予返还等，从而减轻其税收负担。税收优惠政策是国家利用税收调节经济的具体手段，国家通过税收优惠政策可以扶持某些特殊地区、产业、企业和产品，促进产业结构的调整和社会经济的协调发展。

2020 年 5 月，为支持集成电路设计和软件产业发展，财政部、国家税务总局发布公告，明确集成电路设计企业和软件企业税收优惠政策。

5.3.6　容易忽视而导致多缴税的 4 种情况

容易忽视而导致多缴税的 4 种情况如下。

（1）没有生意也要进行零申报

根据相关法律法规，营业执照批下来后，企业每个月都必须向税务局申报企业的经营情况。不管有没有赚钱，也不管有没有生意，企业每个月都要根据运营情况做账然后根据账本向税务局做税务申报。现在小规模企业如果一个季度的开票量达不到 9 万元，可以进行零申报。零申报办理起来也比较简单，如果不办理，企业将会面临 2 000 元的罚款。

需要注意的是，如果长期零申报，企业可能会被税务机关纳入重点监控范围，如有不实情况，企业将会被税务机关依法查处。

（2）增值税税率只与行业有关，与进项税的税率无关

关于这一点，举个例子：图书销售的税率是 9%，即只要企业是一般纳税人，销售图书的税率就是 9%。

那么问题来了，如果某销售图书的企业，也符合一般纳税人的条件，但它拿到的印刷图书的进项发票注明的税率是 13%，在缴税时，它还能继续适用 9% 的税率吗？（即缴税时，按 9% 的税率抵扣 13% 的税率。）

答案是该企业仍然适用 9% 的税率，因为行业性质决定了增值税税率，与进项税的税率无关。

（3）合同作废也要记得纳税

企业在日常经营过程中，必然要与外界签订合同，如果中间发生意外，双方废止了合同，也是需要完成印花税缴纳义务的。

（4）不拿发票就要多缴税

税务机关实施"以票控税"，企业所有的支出都要取得合法凭证，否则不能税前列支。能够取得合法凭证（发票）成了企业节税的重要方法。然而有些人不以为意，当对方以优惠为名，诱导企业不开发票时，有些企业就会同意，这样做其实是吃亏的。

例如，某企业购买 1 000 元的办公用品，如果不开发票只需付 900 元，而如果开发票则需付 1 000 元，表面看起来，不要发票就可以为企业节省 100 元。

然而现实是：如果多付 100 元，企业的所得税就可以少缴 250 元；而如果少付 100 元，企业的所得税就要多缴 250 元。要不要发票的区别一看就明白了。所以，企业人员一定要记住：不要发票就会多缴税。

案例　河北某集团公司骗税案

河北某集团公司骗税案共计骗税 1.9 亿元，公司法人代表被判无期。该公司主要系利用虚开的增值税专用发票骗取出口退税。发票主要来自广东潮汕地区，虚开企业基本上无生产能力，几台缝纫机，就能开具几亿元的加工费发票，生产能力测算存在严重问题。

案例　食品有限公司隐匿收入偷税案

某省税务局稽查局调查到，某食品公司（T公司）涉嫌巨额偷税。T公司为增值税一般纳税人，有职工近 500 人。T公司主要生产经营品牌调料、火锅底料，近两年开发出多种规格型号的调味品、小食品、肉食品、蔬菜制品、非酒精饮料等产品。T公司下设行政、生产、财务、配送、销售、研发等部门。销售部下设四个办事处，分片区负责国内三十多个销售点的经销业务。

检查预案：检查组调阅了T公司有关税收申报资料，排查出有价值的案件线索。

一是T公司税负偏低。调味品企业成长性强、市场广阔，且T公司创立了自己的品牌，品牌效益突出，产品覆盖面广。T 公司成立 3 年多时间里，资产规模扩大到 1 500 多万元。近 5 年 T 公司综合税负率却在 2% 左右，各年末均无留抵进项税额。

二是纳税申报存在疑点。T 公司增值税纳税申报表及其附表均申报的是开具发票（包括增值税专用发票和增值税普通发票）的销售收入，没有申报未开销售发票的销售收入，这与实际情况不符。因为 T 公司产品销售对象主要是超市或私营企业、个体批发商等，相当一部分经销对象不需要发票，所以应该有未开发票的销售收入存在。

具体检查方法如下。

1. 突击检查，调查陷入困境

检查组按计划对 T 公司实施突击检查。其中对包装物与产品统计分析发现以下问题。

一是包装袋购进量大、规格复杂，无法准确统计。T 公司有 38 种规格的常用小型包装；购进包装的计量单位有件、箱、斤、袋、个等；个别购进发票没有数量，只有金额；会计账簿只核算大类，没有分品种、分规格核算，记账不明晰。

二是包装用量与产品计量单位对应关系复杂，难以从包装用量推算产品出厂情况。T 公司产品出入库与销售结转均以"件"为单位，不同系列产品每一大件内又有不同规格、不同数量的小包装。如火锅底料产品有 168g、200g、330g、400g 等系列型号，从包装数量上无法精确统计和定量分析，因此要从账务核算上直接发现问题有一定的难度。

2. 扩大调查范围，发现重要线索

为了打破僵局，检查人员决定到超市、集贸市场收集 T 公司不同品名、不同规格和型号的调味产品，与账簿记录的产品包装品名、规格、型号等进行比对分析。终于，检查人员在一个小包装袋上发现该公司除在税务机关登记的生产地址、电话外，另有一个销售部电话。

检查组分析认为，这个销售部很可能是该公司的核心总部或其账外经营的销售核算地。于是检查人员从发现的销售部电话号码入手，到电信部门查询电话使用人登记信息，发现该电话号码是以个人名字登记的。当检查人员突然现身 T 公司销售部并出示检查手续和证件依法展开调查时，现场气氛骤然紧张。销售部员工神情慌张，有的急忙收拾资料、关闭计算机，对问话支支吾吾。检查人员从现场一台计算机中发现 T 公司一批商品出入库统计和各片区市场营销布局、销售业绩考核等重要数据，当即对相关数据进行打印并交当事人签字盖章，固定计算机数据资料，并对各办公室的涉税资料进行仔细收集和归类。

3. 内查外调，取得关键证据

为取得案件的突破，检查组分为两组，一组继续从销售部收集的经营资料入手，重点查找整理违法线索；另一组从购货方入手收集其隐匿收入的证据。检查人员在该公司客户群中选出一批购货商，从购货方逆向调查该公司的商品流、资金流，收集销售发票、购销合同、银行凭证等涉税资料。

经过努力，在上述购货商提供的货款支付凭证中，发现几张银行转账支付凭证回单，收款方开户银行是某农行分理处，收款单位是T公司，但这个账户不是T公司登记注册的银行结算账户，这说明T公司还另有一条资金流渠道。检查人员当即开具"税务机关检查银行存款许可证明"，从银行查明这就是T公司的账户。该账户从开设以来，发生大量资金往来。从该账户的银行原始凭证中可看出，许多销售货款被汇入该账户。T公司偷税违法真相浮出水面。

案例　某机电公司偷税行为

深圳某机电公司为私营企业，系增值税一般纳税人，经营机电工具。税务机关对其2020年的经营情况进行纳税检查时发现有账务处理为借记"银行存款"科目，贷记"预收账款"科目的业务涉及的金额较大且较多，经过检查该公司的资产负债表，发现2020年12月末"预收账款"科目贷方余额为603 138.06元。

该公司经营的是机电产品，属于非紧俏商品，基本上是买方市场，购货单位先付款后提货的可能性较小，经查阅其业务日报表和销售部门的发货记录，发现付款单位已将货提走，但发票未开从而确定为属于销售货物的行为，只是部分余款未结。经过逐项核实，发现该公司将销售货款记入"预收账款"科目，未转入"主营业务收入"科目，少报销售额533 750.50元（其相应的商品成本为443 502.62元）。

此公司的行为是偷税行为吗？偷了哪种税？

该公司存在偷税行为，偷了增值税（可能也有所得税）。

深圳某机电公司应补缴增值税税款并接受相应处罚。

应计销售收入＝ 603 138.06 ÷（1+13%）≈ 533 750.50（元）

应补缴增值税＝ 533 750.50×13% ≈ 69 387.57（元）

该公司应调整账务处理如下。

借：预收账款　　　　　　　　　　　　　　603 138.06

　　贷：以前年度损益调整　　　　　　　　　　90 247.87

　　　　应交税费——应交增值税（销项税额）　69 387.57

　　　　库存商品　　　　　　　　　　　　　443 502.62

借：以前年度损益调整　　　　　　　　　　　90 247.87

　　贷：利润分配——未分配利润　　　　　　　90 247.87

第 6 章

企业财务管理制度：规范财务工作，提高企业经济效益

企业是一个有机的整体，其各部门各有专责，部门与部门之间必须保持一定的协调关系以求平衡，而且它们必须在统一指挥下才能配合操作，企业才能健康发展。财务部作为企业筹资、投资、成本核算的中心，必须在严格的制度约束下方能充分发挥其应有的作用。

为了规范和强化企业财务管理的基础工作，企业必须严格遵守《中华人民共和国会计法》《企业财务通则》《企业会计准则》及相关行业财务管理制度，结合本企业生产经营管理的具体特点，建立健全企业内部财务管理制度。

6.1　企业财务报销流程

为了加强企业内部管理，规范企业财务报销行为，倡导一切以业务为重的指导思想，合理控制费用支出。

6.1.1　日常费用及差旅费报销流程

企业人员出差费用及日常费用支出必须经总经理签字，各部门所有报销单据必须经总经理审批。

（1）借款流程

借款人员因公需要领用现金或支票时，应按规定填写借款单，注明借款事由、

借款金额（大小写必须完全一致，不得涂改）、支票或现金，并经总经理审核签字。借款人员执审批后的借款单到财务部，财务部负责人根据企业的资金状况确定是否予以支付。若支付，经会计人员制单、审核，由出纳人员按照批准金额予以支付。

（2）报销管理程序

借款销账时应以借款单为依据，据实报销，超出借款单范围使用的，必须经主管领导批准，否则财务人员有权拒绝销账；借款人员在任务完成之后要及时报销，原则是前账不清，后账不借。

报销时，报销单上应注明所办事由和用途，并附原始单据和发票，经总经理批准后到财务部报账。

会计人员对报销凭据的合法性、真实性、合理性予以复核。

6.1.2　采购报销流程

为了规范采购报销流程，加强物品及资金的使用管理，保障质优价廉及经营需求，特制定采购报销制度及流程。

（1）申购流程

申购流程如图 6-1 所示。

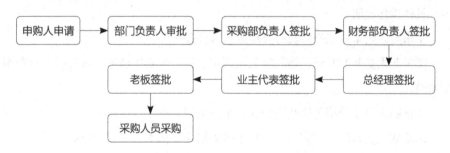

图 6-1　申购流程

具体操作说明。

①申购部门根据部门需求填写完整物品采购申请单。

②申请人拿着物品采购申请单依次让各部门签批。

③把签字完整的物品采购申请单送至采购部，由采购人员进行采买。

④采购人员根据物品采购申请单上的参考价合计金额到财务部预借现金。

（2）费用报销流程

费用报销流程如图6-2所示。

图6-2　费用报销流程

具体操作说明。

①费用报销项目一般包括汽油费、过路过桥费、外出办公餐费、外出考察费等。

②报销人把发票及原始票据依次整齐地粘贴在费用报销单上，并在费用报销单上详细注明费用事由。

③报销人在费用报销单上签字并让各相关领导签字后即可报销。

（3）物品采购报销流程

物品采购报销流程如图6-3所示。

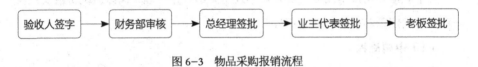

图6-3　物品采购报销流程

具体操作说明。

①采购人员采购完毕后及时办理验收入库手续。

②采购人员拿着发票、物品验收入库单、物品采购申请单让财务部填写费用报销单。

③采购人员拿着相关原始票据让各相关领导审批。

④采购人员拿着签字完毕的原始单据到财务部报销，多退少补。

（4）采购管理规定

申购人必须详细填写物品采购申请单并办理相关审批手续。

采购人员应严格按照申购项目进行采购，如有疑问及时与申购部门沟通，确认无误后及时安排采买。采购物品必须货比三家，认真对比、筛选，按照质优价廉的原则采购。

验收人必须按照收货标准仔细清点物品并及时办理入库手续，对不符合物品采购申请单的物品有权拒收，在验货过程中在物品质量、规格等难以确认的情况下应主动请使用部门一起验收。

购买、验收和使用上的三个相关人员要相互监督，相互合作，共同做好此项工作，对有争议的问题各自上报上级领导处理。

预借现金 3 000 元（含）以下，采购人员签字可直接预支；3 000～5 000元（含）需上报业主代表知晓；5 000 元以上需上报总经理知晓。

预借现金购买后，采购人员 2 日内必须到财务销账，严禁白条抵库超过 3 日。

6.1.3　借款报销流程

因工作需要向企业暂支借款，需先填写借款单，借款单中需标明借款日期、借款金额、借款用途及借款人本人签字。其中借款金额大小写必须相符，且借款单表面不得涂抹。旧账未清应先核销旧账，否则不可以再借款。

借款人将填好的借款单交由借款人所属的部门经理签字，部门经理需问明借款缘由，确认用途妥当后方可签字审批。

借款人将部门经理签字后的借款单交由财务会计审核后再交相关部门副总经理确认落实，并由财务总监签字审批。总经理签字后视为财务部可以支付该款项。

财务部出纳员看到签批手续齐全的借款单后，方可付款。如有一项签批手续不全，出纳员不予支付。

借款人需保证在借款之日起一周内报账还款，出差人员则在回企业后一周内结清。异地出差人员补充借款应填写借款单，并以传真的方式发回企业，但必须注明原件与传真件同具法律效力，同时必须把前期的费用报销单据连同借款单一并邮回企业，否则不予报销并要承担经济责任。另外，营销人员借款参照《营销人员薪酬管理办法及费用管理》执行，如需延长时限，应提前通知财务部，无理由的延期还款，财务部有权按逾期 1 天扣除报销总额的 5%，逾期 2 天扣除报销总额的 10% 扣款，依此类推。扣款结算方式：以现金归还或报销单抵扣。

6.2 企业财务报销制度

企业通过制定相应的制度，规定各项费用的开支标准，并依据这些制度对企业各项日常费用的开支进行严格的计划、核算控制、考核与奖惩，以将企业的各项费用控制在尽可能合理的范围内，杜绝浪费，提高经济效益。各级管理人员和业务人员要树立成本意识。

6.2.1 业务员报销管理制度

出差借款：借款人员借款后必须及时报销。差旅费借款必须在返回企业上班之日起3天内办理报销及还款手续。

其他临时借款，如业务费、周转金等，借款人员应及时报账。除周转金外，其他借款原则上不允许跨月借支。

各项借款金额超过5 000元的应提前一天通知财务部备款。

6.2.2 费用报销管理制度

报销人应取得真实合法的原始凭证。

①有效发票至少需要印有两个章：税务机关专用章和发票专用章。如少其中一个章，发票无效。

②财政机关批准并统一监制的行政事业性收据。

③邮政、银行、铁路系统的各类带印戳的收据、支出证明单。

发票的真假辨别：发票章的单位名称需要和网上注册的名称一致，可以登录发票上提供的查询网址进行核实，但是在出差中也不太方便随时核对发票的信息，建议大家到正规的地方消费并索取发票，避免出现假票现象。

经办人员既没发票，也没收据的，一律不予报销。

案例 某有限公司借支报销制度

为准确核算和监督公司的借支费用支出，加强公司内部管理，规范公司财务报销行为，倡导一切以业务为重的指导思想，合理控制费用支出，特制定本制度。

（1）出差借款：出差人员凭审批后的出差申请表按批准额度办理借款，出差返回后5个工作日内办理报销还款手续。

（2）其他临时借款，如业务费、周转金等，借款人员应及时报账。除周转金外，其他借款原则上不允许跨月借支。

（3）各项借款金额超过 5 000 元的应提前一天通知财务部备款。

（4）借支金额权限。

①借支金额 2 000 元以上的，必须报公司总经理审核。

② 2 000 元以内的借支，公司总经理可书面授权财务部负责人审批（授权书必须报公司财务部备案）。

（5）外出购进材料需借支现金 1 万元以上的，除按上述手续外，还应提交物资部门主管领导、财务总监、总经理批准的采购合同、采购计划或请购单。采购合同、采购计划或请购单要填明所购材料名称、品牌、规格、数量、价格、金额。

（6）借款销账规定。

①借款销账时应以借款申请单为依据，据实报销，超出申请单范围使用的，必须经主管领导、财务总监、总经理批准，否则财务人员有权拒绝销账。

②借领支票者原则上应在 5 个工作日内办理销账手续。

（7）借款未还者原则上不得再次借款，逾期未还的借款转为个人借款从工资中扣回。

（8）借支的现金，要在当月月末前结清。

6.3　财务审批管理

财务审核审批制度是企业进行日常管理的重要制度。为使权限分明、职责清晰、流程优化，遵循内部控制相关原则，切合企业实际情况，必须进行财务审批管理。

6.3.1　财务费用审核审批制度

为明确相关人员的财务审核审批权限和职责，保障日常管理流程顺畅，促使高效地控制费用、降低成本，同时防止和杜绝弄虚作假、徇私舞弊和不必要的流失浪费，特制定本制度。

审核审批制度的基本内容包括以下几点。

（1）经办人：核对项目、单价、金额是否正确，是否与合同相吻合；是否有事先申请报告；发票是否规范；用途是否清晰；是否有部门经理确认签字（或仓库验收或证明人签字）。

（2）部门（或验收人或证明人）确认：确认项目是否属实，单价是否合理，是否有验收人确认签字（验收人或证明人直接在票据的背面确认签字）。

（3）财务审核：审核费用是否按照报销标准报销，采购价格是否合理，是否按合同执行，相关人员是否已确认签字；核对项目、单价、金额是否正确；是否有事先申请报告；发票是否规范；票据是否完整；用途是否清晰（或在票据背面写清楚）。

（4）总经理审批：审批项目是否属实，价格是否合理，相关人员是否已确认签字。

出纳在付款时，必须对原始单据的金额再次全面核对，确保付款金额与原始单据金额相符。同时，出纳必须核对和确保付款的单据上同时有财务总监的审核和总经理的审批，核对后才能付款。

6.3.2　财务审批管理办法

为加强企业财务管理，提高工作效率，杜绝铺张浪费现象，严格财务费用审批和资金收付审批流程，特制定本办法。

（1）企业一般性费用支出的审批办法

审批流程：企业发生一般性费用支出，经办人员必须填制企业规定的费用支出报销单，注明事由、日期并签名，同时必须附有税务机关认可的费用支出原始凭证，经部门总监证明、财务管理中心总监审核、总经理或总经理授权人审批后，出纳方可支付款项。

审批权限：一般性费用支出无论金额大小，均需要总经理签字。如总经理不在企业，1 000元以内的一般性费用支出可以由总经理授权的分管财务副总先行审批报销；1 001元到3 000元的一般性费用支出由常务副总和分管财务的副总共同签字后先行报销，待总经理回企业后办理补批手续；超过 3 000 元的一般性费用支出，则必须在总经理到企业后，方可办理报销手续。如补批不通过，由授权签字人承担审批责任，可以责令经办人退款或补办相关手续，财务核算中心将此笔费用单据退回经办人，由经办人出具借条（此项工作由授权签字人督促落实，如无法落实，财务核算中心则可以直接挂经办人往来，发工资时扣回，并对相关签字人问责）。

（2）企业工资发放的审批办法

审批流程：企业行政人事中心每月 5 日前根据企业核定的员工工资标准、员工考勤记录和绩效考核表，编制工资发放表底表（初稿），交财务核算中心会计审核；财务核算中心会计在扣除个人所得税、个人"五险一金"及其他相应扣款项后，在工资发放前 3 日，编制好工资表，交财务中心总监审核，形成员工工资表发放终稿；经总经理或总经理授权人审批后按时发放。员工工资的发放日定为每月 15 日。

审批权限：工资必须经过总经理审批才能发放。如总经理不在企业，则可将电子档发给总经理，经电话请示总经理，经总经理确认后，由总经理授权人签字后发放（事后需经总经理补签字），但发放前，出纳应与总经理进行最后一次电话确认。

（3）企业内部个人借款的审批办法

审批流程：企业业务人员因业务需要，向企业借款的，必须首先呈报借款计划清单，注明借款用途、物品数量、预计支出金额等，由部门总监和分管副总同意，经财务核算中心总监审核、总经理或总经理授权人审批后，出纳方可支付款项。一般业务事项结束后 3 天内，办理报销手续。

审批权限：个人借款原则上均需总经理审批，但总经理不在企业时，为不影响企业业务的开展，可经总经理授权人分管财务的副总审批后，出纳直接支付款项，但超过 5 000 元的借款，出纳在支付时，应与总经理进行电话确认（待总经理回来后补签字）。个人借款必须及时报销，在每月工资发放前清理完毕。凡未及时办理清理手续的，工资暂停发放，但因总经理未到企业，无法办理报销手续的除外。在实际工作中，如因总经理不在企业，无法办理报销手续的，可暂不报销，采取业务借款的方法进行，以避免业务延迟。

6.3.3 财务审批权限

事务的决定权与财务支出的审核权相分离，业务线及职能部门负责人对事项和支出的结果负责，并按照"谁承担，谁审批"的原则进行审批，财务负责人主要对开支有无预算、事项是否按照企业规定签署合同、成本费用单据是否规范等事项进行审核。

6.4 财务管理制度

财务管理是组织资金运动、处理财务关系的一项经济管理工作。它主要是利用资金、成本、收入等价值指标，组织企业价值的形成、实现和分配，并处理这种价值运动中的经济关系的一项管理工作，是企业管理的一个重要组成部分。

6.4.1 财务管理制度基本原则

制定实施财务管理制度的原则如下。

（1）合规性原则

制定的各项财务管理制度必须符合国家各级各项法律法规的要求，不得有冲突。

（2）全面性原则

财务管理制度应当贯穿决策、执行和监督全过程，覆盖企业的各种业务和事项。

（3）重要性原则

财务管理制度应当在全面的基础上，关注重要业务事项和高风险领域。

（4）制衡性原则

财务管理制度当在企业治理结构、机构设置及权责分配、业务流程等方面形成相互制约、相互监督的体系，同时兼顾运营效率。

（5）可操作性原则（4W1H 原则）

财务管理制度应当明确"谁"（Who）于"什么时间"（When）在"什么地点"（Where）做"什么事"（What）及"怎样"（How）做这件事。

（6）实用性原则

财务管理制度应当与企业经营规模、业务范围、竞争状况和风险水平等相适应，并随着情况的变化及时调整。

（7）成本效益原则

财务管理制度应当权衡实施成本与预期效益，以适当的成本实现有效的管理。

6.4.2　财务管理职责及岗位职责

财务管理制度及岗位职责如下。

（1）财务管理职责

认真贯彻执行国家有关的财务管理制度。

建立健全财务管理的各种规章制度，加强经营核算管理，检查监督财务纪律。

积极为经营管理服务，促进企业取得较好的经济效益；同时厉行节约，合理使用资金。

总经理作为企业的法定代表人，对本企业的一切经济活动负责，领导会计机构、会计人员和其他人员认真执行财会法律、法规、规章制度，审核重大财务事项，接受财政、税务、审计等部门的检查和监督。

完成企业交办的其他工作。

（2）财务工作岗位及职责

①财务经理。

负责构建企业财务部的组织架构、确定财务人员的岗位职责。

建立健全企业内部财务管理制度。

负责审核记账凭证、管理总账，按时编制财务报表。

负责财务档案的管理工作。

督促、指导和支援本部门人员工作。

组织企业固定资产、库存材料、库存现金等的盘点工作。

完成总经理交付的其他工作。

②会计。

按照国家会计制度的规定制作记账凭证、记账、复核、报账，做到手续齐备，数字准确，账目清楚。

协助财务经理编制财务报表，分析企业成本、费用和利润情况，挖掘增收节支潜力，及时提出合理化建议。

核算企业成本，按照财务制度结转销售收入、成本，核算企业利润。

负责固定资产及企业其他资产的账务管理，并定期协同有关部门清点资产。

妥善保管会计凭证、会计账簿、财务报表和其他会计资料。

完成总经理或财务经理交付的其他工作。

③出纳。

管理库存现金、银行存款和其他货币资金，并按规定的范围使用现金，依照银行规定的结算种类、原则和方法，办理转账结算业务。

及时查核银行存款余额，杜绝签发空头支票。

建立健全现金出纳各种账目，严格审核现金收付凭证。

负责日常财务档案的收集、整理、装订、归档等工作。

负责核对银行未达账项。

配合会计做好各种账务处理。

及时准确编制资金日报、周报、月报。

完成总经理或财务经理交付的其他工作。

6.4.3 财务管理循环

财务管理循环是指财务管理工作从起点到终点的全过程。它可以包括财务管理的方法循环和财务管理的内容循环。

财务管理的方法循环也是财务管理的过程循环，是基于把财务管理看作一项经济管理工作而产生的。企业财务管理过程应由财务预测、财务决策、财务预算、财务控制、财务分析5个具体环节（实质也是5种专门方法）顺次构成。

财务管理的内容循环，是基于把财务管理看作一门经济管理科学而产生的。财务管理的内容应包括筹资、投资、资金的分配等几个部分。财务管理的内容循环如图6-4所示。

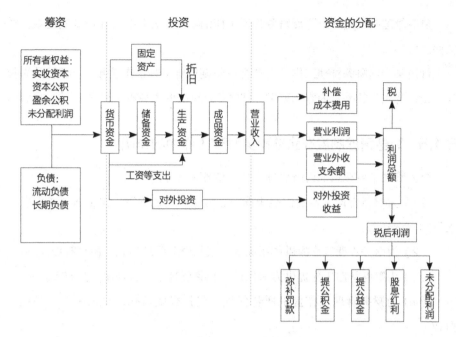

图 6-4　财务管理的内容循环

财务循环的有效性是通过财务管理循环的有效性实现的，因此，研究财务管理循环的有效性更具有务实性。

6.4.4　财务管理围绕的中心

财务管理是企业价值链中的支持性活动，是为主体活动提供支持服务的。财务管理围绕的中心如图 6-5 所示。

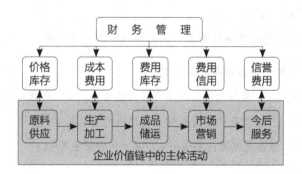

图 6-5　财务管理围绕的中心

财务管理制度是企业财务管理体系的一个重要组成部分。

财务管理制度是针对开展财务管理工作的规则、方法和程序所制定的规范性文件。

针对某一项财务管理工作，财务管理制度规定了其工作任务、所涉及的岗位与职责以及工作的基本内容和要求，但财务管理制度本身不是程序、方法或细则。

6.4.5 财务管理制度在企业财务管理工作中的作用

财务管理制度在企业财务管理工作中的作用如下。

（1）为财务管理工作提供组织保证，包括机构的设置、财会人员的配备、人员的职责分工。

（2）为财务管理工作提供体系保证，包括财务管理体系、经营管理体系。

（3）为财务管理工作提供方法保证，包括管理手段、程序、关键点。

（4）为财务管理工作提供质量保证，包括权威基础，约束机制，测量、监控。

6.4.6 财务管理制度在企业财务管理工作中的运作

财务管理制度在企业财务管理工作中的运作包括以下内容。

（1）有"法"可依

制定完善的财务管理制度，将其作为财务管理工作的指导依据。

（2）有"法"必依，执"法"必严

明确职责，理顺流程，严格依照制度的要求处理相关事务。

（3）违"法"必究

对违反制度规定的事务与相关人员追究责任，严肃处理。

案例　某小企业财务管理制度范本

全体财务人员应认真贯彻执行国家有关财政法规及会计制度；敬业爱岗，不做有损于企业的事；严格按照企业财务管理制度做好自己的本职工作；对待工作认真踏实；树立为客户服务的意识；贯彻企业质量方针和质量目标。

财务部门职责范围如下。

认真贯彻执行国家有关财务管理的法律法规，确保财务工作的合法性。

建立健全企业各种财务管理制度，严格按照财务工作程序执行。

采取切实有效的措施保证企业资金和财产的安全，维护企业的合法权益。

编制和执行财务预算、财务收支计划，督促有关部门加强资金回流，确保资金有效供应。

进行成本、费用预测、核算、考核和控制，督促有关部门降低消耗、节约费用，提高经济效益。

建立健全各种财务账目，编制财务报表，并利用财务资料进行各种经济活动分析，为企业领导决策提供有效依据。

负责企业材料库、办公用品库的管理。

参与企业工程承包合同和采购合同的评审工作。

及时核算和上缴各种税费。

参与项目部与施工队结算工作，参与采购部与材料供应商结算工作。

收集、整理会计档案资料，确保档案资料完整、安全、有效。

加强本部门管理，进行内部培训，提高本部门工作人员素质。

完成企业工作程序规定的其他工作，完成领导布置的其他任务。

案例　某公司财务管理制度

第一条　为加强公司的财务工作，发挥财务在公司经营管理和提高经济效益中的作用，特制定本制度。

第二条　公司财务部门的职能如下。

（一）认真贯彻执行国家有关的财务管理制度。

（二）建立健全财务管理的各种规章制度，编制财务计划，加强经营核算管理，反映、分析财务计划的执行情况，检查监督财务纪律。

（三）积极为经营管理服务，促使公司取得较好的经济效益。

（四）厉行节约，合理使用资金。

（五）合理分配公司收入，及时完成交税工作。

（六）对有关机构及财政、税务、银行部门了解、检查财务工作，主动提供有关资料，如实反映情况。

（七）完成公司交办的其他工作。

第三条　公司财务部由财务经理、会计、出纳和审计工作人员组成。

第四条　公司各部门和职员办理财会事务，必须遵守本制度。

第五条 财务经理负责组织本公司的下列工作。

（一）编制和执行预算、财务收支计划、信贷计划，拟订资金筹措和使用方案，开辟财源，有效地使用资金。

（二）进行成本费用预测、计划、控制、核算、分析和考核，督促本公司有关部门降低消耗、节约费用、提高经济效益。

（三）建立健全经济核算制度，利用财务会计资料进行经济活动分析。

（四）承办公司领导交办的其他工作。

第六条 会计的主要工作职责如下。

（一）按照国家会计制度的规定记账、复核、报账，做到手续完备，数字准确，账目清楚，按期报账。

（二）按照经济核算原则，定期检查，分析公司财务、成本和利润的执行情况，挖掘增收节支潜力，考核资金使用效果，及时向总经理提出合理建议，当好公司参谋。

（三）妥善保管会计凭证、会计账簿、财务报表和其他会计资料。

（四）完成总经理或主管副总经理交付的其他工作。

第七条 出纳的主要工作职责如下。

（一）认真执行现金管理制度。

（二）严格执行库存现金限额规定，超过部分必须及时送存银行，不坐支现金，不以白条抵押现金。

（三）建立健全现金出纳各种账目，严格审核现金收付凭证。

（四）严格执行支票管理制度，编制支票使用手续，支票经会计主管签字后，方可生效。

（五）积极配合银行做好对账、报账工作。

（六）配合会计做好各种账务处理。

（七）完成总经理或主管副总经理交付的其他工作。

6.5 企业典型的财务管理制度

财务管理制度是财务工作应遵循的规则、方法、程序和标准等的总称。企业内部财务制度的依据是国家统一的财务制度，同时应当充分考虑企业内部的生产经营特点以及管理要求。

6.5.1 财务稽核制度

财务稽核是财务稽查和财务复核的简称。

（1）财务稽核制度的目的

明确企业开展财务稽核工作，并建立相应的财务稽核组织和稽核体系，以使得企业财务稽核工作顺利、有效地实施。

（2）财务稽核工作的总体任务

建立独立于财务部门的稽核组织，制定科学的财务稽核程序，以财务部门的职责为基准，对财务部门的运作过程及工作成果进行稽核，以督促财务部门更好地发挥其专业职能的作用。

稽核制度，是财务管理制度体系的重要组成部分。财务管理制度体系如图 6-6 所示。

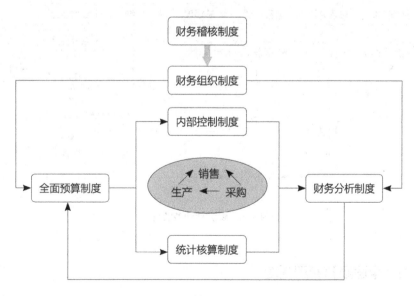

图 6-6 财务管理制度体系

6.5.2 财务组织制度

财务组织制度，明确了企业财务部的职能和职权，并为财务部的有效运行及达成其职能目标设立了合适的组织和配置了人员。

财务组织管理内容框架如图 6-7 所示。

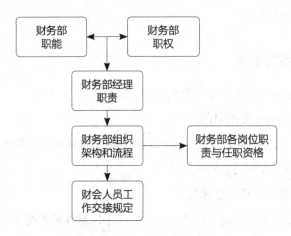

图 6-7 财务组织管理内容框架

财务部业务流程如图 6-8 所示。

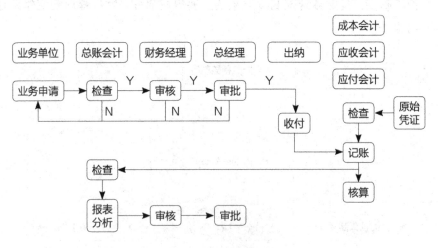

图 6-8 财务部业务流程

6.5.3 全面预算管理制度

全面预算管理制度利用预算对组织内部各部门、各单位的各种财务及非财务资源进行分配、考核、控制，以便有效地组织和协调企业的生产经营活动，完成既定的经营目标。全面预算管理作为一种现代化管理手段，具有其鲜明的特点，主要表现为效益性、市场适应性、主动性和综合性。

（1）全面预算管理制度的目的

规范企业全面预算的运作体系，明确以财务部门为主的企业各部门在全面预算管理活动中的职责分工。

（2）全面预算管理工作的总体任务

围绕资金收支两条线，对未来经营活动进行计划与控制，将企业的各项经济行为纳入以市场为导向、低成本控制的管理轨道；同时通过对资金流、物流与信息流的同步控制，充分发挥财务部门在企业整个生产经营活动过程中的纽带与动态监控作用。

全面预算管理流程如图 6-9 所示。

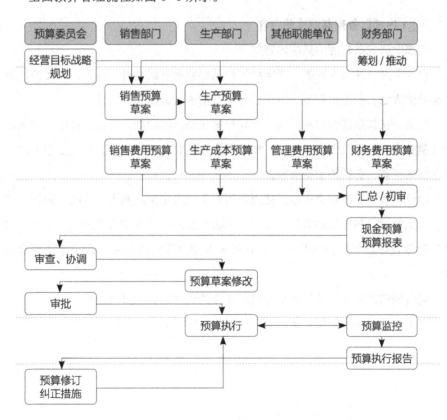

图 6-9　全面预算管理流程

6.5.4　内部财务控制制度

内部财务控制制度是"内部行政管理控制制度"的对称，是直接影响企业会计记录和财务报表真实性、公正性的那部分内部控制制度。内部财务控制从财务的角度对企业生产经营活动与过程进行监督控制，充分发挥财务部门的"监控器"职能。

内部财务控制框架如图6-10所示。

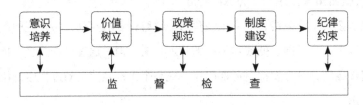

图6-10　内部财务控制框架

（1）内部财务控制制度的内容

内部财务控制制度的具体内容如下。

以企业经济活动为对象，规定经济活动必须遵守的方针、政策，以及控制经济活动的方法、措施和程序，以保证经济活动的合法性和有效性。

以会计核算系统为对象，规定会计核算应遵循的原则、方法和程序，以保证会计信息资料的正确性和可靠性。如填制和审核会计凭证制度、复式记账方法、财产定期盘存、会计稽核检查等。

以流动资产、固定资产和其他资产为对象，规定资产购入、验收、保管、维护、领用等部门和环节的职责、权限、手续和程序，以保护资产的安全完整。如材料验收及限额领用控制制度、产成品入库和出库控制制度、资产定期清查制度等。

以负债和所有者权益为对象，控制企业的资本结构和财务结构。

企业内部财务控制制度综合体系如图6-11所示。

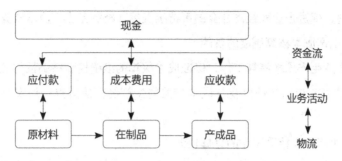

图 6-11 企业内部财务控制制度综合体系

（2）内部财务控制制度的目的

明确企业财务部门对企业经营中主要业务活动的财务控制职能，界定财务部门在这些业务活动过程中的控制环节以及采取的控制手段与方法，从而加强企业的财务收支管理。

（3）内部财务控制工作的总体任务

在企业经营的主要业务活动过程中建立有效的财务控制体系，协助总经理加强对业务活动的财务性管理，充分发挥财务部门的监督职能作用。

6.5.5 生产统计管理制度

生产统计管理制度的目的和生产统计工作的总体任务是什么呢？

（1）生产统计管理制度的目的

科学、有效地组织企业生产部门的统计工作，保证统计资料的准确性、及时性与全面性，以真实反映企业的生产运作情况，并为企业生产经营核算比较以及各项生产经营决策提供有效依据。

（2）生产统计工作的总体任务

通过建立科学的内部生产统计资料记录表单和报送体系，以原始记录为基础逐级汇总填报，对企业的生产活动情况进行统计资料的收集、整理和分析。

6.5.6 生产成本核算制度

成本管理是企业生产经营过程中各项成本核算、成本分析、成本决策和成本控制等一系列科学管理行为的总称。

成本核算是成本管理的基础。为加强企业产品成本核算，保证产品成本信息真实、完整，促进企业和经济社会的可持续发展，特制定生产成本核算制度。

（1）生产成本核算制度的目的

规范企业生产成本核算工作，保证成本核算的准确性、精确性与及时性，从而为企业的成本控制管理以及与成本有关的生产经营决策提供切实有效的信息支持。

（2）生产成本核算工作的总体任务

健全成本核算的基础性工作，选择适当的成本计算方法，对生产过程中发生的各项费用进行核实、归集、分配和计算，从而计算出企业实际的生产成本，以考核、分析成本计划的执行情况，协助企业对生产成本进行有效的控制和管理。

6.5.7 财务分析制度

财务分析制度是指定期检查财务会计指标的完成情况，分析存在的问题及原因，提出相应改进措施，加强管理、提高效益的制度。

（1）财务分析制度的目的

规范企业财务部门定期财务分析活动的实施，以及时、准确、全面、有针对性地反映企业的经营状况和财务状况，从而切实发挥财务分析在企业经营管理中的"显示器"与决策参谋作用。

（2）财务分析工作的总体任务

企业财务部门通过运用各种专门的分析方法，定期对企业财务报表和其他财务数据进行系统的分析和研究，评价企业的经营成果、财务状况及其变动，从而为改进企业财务管理工作和领导经营决策提供重要的财务信息。

6.6 财务管理制度的建设

财务管理工作必须在加强宏观控制和搞活微观的基础上，严格遵守财经纪律，以提高经济效益、壮大企业经济实力为宗旨。财务管理工作要贯彻"勤俭办企业"的方针，勤俭节约、精打细算，在企业经营中制止铺张浪费的行为和避免一切不必要的开支，降低消耗，增加积累。

6.6.1　财务管理制度设计与建立

为加强企业内部财务管理，规范财务工作，促进企业经营业务发展，提高企业经济效益，根据国家有关财务管理法规制度和企业章程有关规定，结合企业实际情况制定财务管理制度。

企业财务管理制度及内控制度的建设如图 6-12 所示。

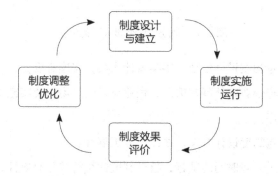

图 6-12　财务管理制度及内控制度的建设

（1）财务管理制度设计的原则

财务管理制度设计的原则如下。

合规性：财务管理制度制定时，应遵循国家有关法律规定。

适用性：制定财务管理制度应考虑企业生产经营、市场业务管理的特点和要求。

可行性：财务管理制度应对经济业务的处理程序有明确规定，并简便易行，便于实际操作和运行。

健全性：财务管理制度应规范企业各项经济活动，覆盖产、供、销全过程，涵盖对人、财、物的全方位管理。

（2）财务管理制度设计的步骤

财务管理制度设计的步骤如图 6-13 所示。

图 6-13　财务管理制度设计的步骤

第一步，确定制度设计范围，落实设计人员，安排进度。

第二步，调查企业内外基本情况、企业财务制度现状及实施情况、各类主要业务财务处理程序。

第三步，确定制度设计方案，按设计分工展开。

第四步，通过一段时间的试行，检查制度的可行性与有效性。

第五步，确定最终版本的制度方案。

（3）财务管理制度的公布与沟通

财务管理制度应以企业管理文件的形式，通过正式的审批流程予以公布。

财务管理制度公布后应根据管理层次，依次在企业内部对员工开展培训。

培训之前应由企业领导明确表达管理高层对财务管理制度的支持与制度实施的坚决性。

培训内容包括财务管理制度体系、各项制度的内容、对各岗位员工的要求，以及制度实施中应注意的问题。

6.6.2　财务管理制度的实施运行

财务运行机制是指财务各要素之间彼此依存、有机结合和自动调节所形成的内在关联和运行方式，它是企业财务机制的主要部分。从理论上讲，财务运行机制是财务活动规律和资金运行规律的内在表现，是财务管理体制存在并发挥作用的依据，是宏观政策和微观效益的结合线；从实践上讲，随着现代企业制度建立，赋予企业独立财权，企业成为自主经营、自负盈亏的实体。

财务管理制度实施运行需要考虑以下三个问题。

第一，财务管理制度实施运行的组织保证，如图 6-14 所示。

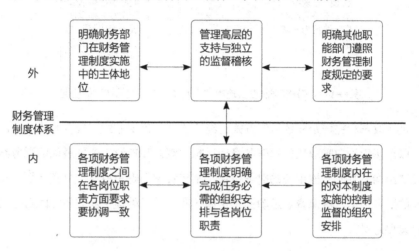

图 6-14　财务管理制度实施运行的组织保证

第二，财务管理制度的执行力问题，如图 6-15 所示。

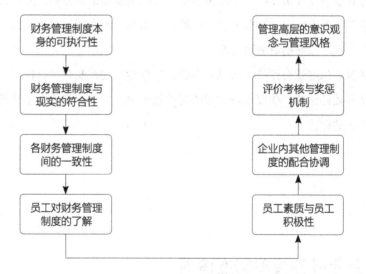

图 6-15　财务管理制度的执行力问题

第三，财务管理制度实施中"原则性"与"灵活性"的协调，如图 6-16 所示。

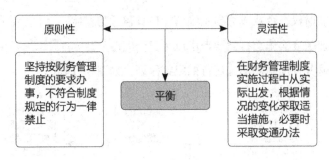

图 6-16　财务管理制度实施中"原则性"与"灵活性"的协调

　　企业改革和完善企业的组织方式、经营方式、筹资方式、投资方式、分配政策，以市场为导向吸取最优的财务管理思想、观念和理论，建立最优的财务结构和投资结构，及时掌握相关的财务信息，制定科学的财税战略、财务计划，组织企业的财务活动，确保资金运动的正常循环和周转，处理企业与各方的财务关系具有重要意义。

6.6.3　财务管理制度效果评价

　　财务管理制度效果评价，根据国家现行财税制度和价格体系，分析计算项目的财务效益和费用，编制财务报表，计算财务指标，考查项目盈利能力、清偿能力等财务状况。以判别财务可行性。

　　财务管理制度效果评价包括以下内容：制度运行的控制与评价机制；制度本身的完整有效性评价；制度运行过程的有效性评价；制度的实施结果评价；制度实施中人员的评估。

6.7　企业财务管理制度诊断

　　企业财务管理制度诊断的总体要求，包括：检查企业建立的财务管理制度是否符合有关法律、法规、财务制度及本行业管理制度的规定；检查企业建立的财务管理制度是否符合企业生产经营管理特点并满足内部控制制度的要求；检查企业财务管理制度的内容是否完备，制度是否合理；检查各项具体制度是否明确、详细，具有可操作性；检查各项制度之间是否相互协调。

企业财务管理制度诊断流程如图 6-17 所示。

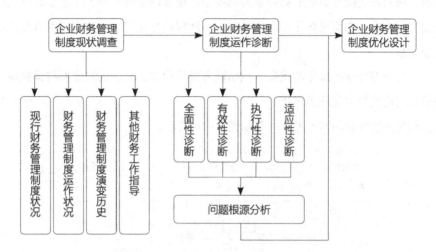

图 6-17　企业财务管理制度诊断流程

6.7.1　企业财务管理制度的全面性诊断

财务管理制度诊断的"全面性"，是指企业全部财务管理制度约束的范围覆盖了企业财务部门开展财务管理工作的各项主要活动。

6.7.2　现行财务管理制度的有效性诊断

财务管理制度诊断的"有效性"：一方面是指财务管理制度确实能从结构上和形式上指导、约束企业的财务管理工作，发挥财务制度的职能作用；另一方面是指每一项财务管理制度都在内容上相对合理，且能达到其制定的目的。

6.7.3　现行财务管理制度的执行性诊断

财务管理制度诊断的"执行性"，是指企业各相关员工能够遵照各项财务管理制度所规定的程序和要求开展工作，且违反财务管理制度规定的行为将会受到相应的处理。

6.7.4 财务管理制度调整优化

企业的财务管理水平直接影响着企业的成本控制水平，进而影响到企业的核心竞争力。在企业的财务管理中，财务管理制度对财务管理水平又有着决定性的影响。只有在完善且有效的财务管理制度下，企业的财务管理工作才能够持续有效地进行下去，进而发挥出应有的作用，不断提高企业资金有效利用率以及成本控制质量。

财务管理制度的调整与优化，包括两方面的内容：制度的稳定性与调整性的关系；制度调整与优化的过程。

制度的稳定性与调整性的关系如图 6-18 所示。

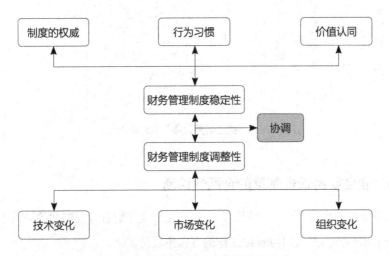

图 6-18　制度的稳定性与调整性的关系

财务管理制度调整与优化的过程：第一步，财务管理制度体系的"管理评审"；第二步，确定财务管理制度调整的频率与范围；第三步，防止财务管理制度调整时出现"制度真空"现象。

6.7.5 现行财务管理制度的适应性诊断

财务管理制度诊断的"适应性"，是指企业各项财务管理制度能够根据企业目标、营销战略、组织结构、技术的变化以及国家有关财会法规的变更及时地调整。

6.7.6　现行财务管理制度的根源性诊断

财务管理制度的"根源性诊断"，是指针对财务管理制度的各项表观性问题，进一步深入分析，从问题的根源处寻找、分析造成企业财务管理制度现状及其缺陷的原因。

案例　财务部日常工作制度

财务部日常工作管理规定。

（1）财务部职能。

财务部负责企业财务管理和会计核算工作，具体履行以下职能。

依据国家统一会计制度组织制定本企业会计制度，依据本企业会计制度建立规范、完整的符合本企业财务管理要求的会计核算体系。

组织制定和不断健全财务管理制度，组织编制财务预算，依据企业全面预算管理制度对企业财务实行全面预算管理。

分析预算执行情况，提供财务分析报告，监督财务管理制度执行情况。

建立内部报表体系，为企业决策和相关部门管理提供会计信息支持。

依照本企业会计制度规定，编制记账凭证和各类报表，妥善管理会计账册档案。

负责企业职工工资、福利的发放。

负责企业各种费用审核和报销事务，组织各部门进行成本控制管理。

协调与税务部门的关系，执行国家税收政策，做好纳税申报工作。

设计内部控制制度，做好日常财务监督控制。

有效合理使用资金，协调与各家银行的关系，根据企业资金情况做好融资工作。

依据政府部门规定和本企业管理要求编报内部和外部统计报表。

执行各项收费制度，核对水价、用水量、水费，确保水费及时、完整入库。

执行材料管理制度，完整记载材料（包括废料）的采购、入库、领用和出库，负责各类材料的存储管理。

执行各类资产管理制度，确保资产安全完整，提高资产使用效率。

为企业绩效考核工作提供财务支持。

进行年终决算，按照企业全面预算管理制度的规定，对年度预算的执行情况做出全面分析和总结。

完成企业领导交办的其他工作。

（2）工作要求。

本年度完成企业会计制度制定工作。在执行本企业会计制度的过程中，密切关注国家统一会计制度的发展变化和本企业业务经营的发展变化，适时提出修正议案。

建立规范、完整的符合本企业财务管理要求的会计核算体系工作要在年底前完成，并在以后各年度依据实际情况的发展变化不断完善。

企业财务管理制度拟定工作在本年度完成。财务部应密切关注该制度各项规范的执行情况，务求全面发挥其功能。

依据企业全面预算管理制度的要求，对企业财务实行全面预算管理，年度财务预算要在上年度终了前编制完成；按季度分析预算执行情况，提供财务分析报告。

根据内部管理要求，年内建立一套内部管理报表体系，重点关注和分析重要项目的预算执行情况，为企业决策和相关部门管理提供会计信息支持。

记账凭证编制工作要及时完成。各类报表的编制工作：月报要在次月5日前完成，季报要在下一季度第一月的6日前完成，年报要在次年1月15日前完成。依相关制度的要求管理会计档案。

工资于每月月底前发放，职工福利按照企业决定的时间发放。及时完成企业各种费用的审核和报销工作。

强化资金使用的计划性，密切关注企业重大投资活动的决策和实施情况。协调与各家银行的关系，根据企业资金情况做好融资工作，为企业重大投资决策提供资金、信息支持。

当天工作当天完成，上班时间完不成则加班完成。

（3）违规行为的处理。

①财务部工作人员有下列行为之一的，由部门领导责令改正：上班期间聊天串岗、玩游戏、打扑克的；迟到、早退、中途脱岗的；不能按时按要求完成工作任务的；开展财务工作粗心大意、责任心不强的。

②财务部工作人员有下列行为之一的，给予通报批评；情节严重或给企业造成经济损失的，处以直接损失等额的罚款，调离工作岗位或待岗：带酒上岗的；脱岗或旷工，1年累积超过5次的；因工作失误，企业财务被有关部门处罚的；工作中发现问题隐瞒不报，致企业利益受损的；绩效考核连续3个月部门排名末尾的。

③财务部工作人员有下列行为之一的，停薪待岗；构成犯罪的，移交司法机关依法追究法律责任：徇私舞弊，滥用职权，给企业造成损失的；截留、侵占、挪用

公款公物的；玩忽职守，给企业造成恶劣影响的；泄露企业商业秘密的。

财务部经理管理不严，致使本部门人员常有①所列行为或者本部门员工有②、③所列行为而不处罚的，确认其为不称职，调整其岗位；情节严重或造成严重后果的，撤销其职务；情节特别严重的，依法追究其相关法律责任。

案例　财会稽核制度

稽核内容如下。

（1）会计凭证稽核。

稽核人员审核会计人员制作的会计凭证是否由经管不同岗位的会计人员进行了复核、签章。会计凭证稽核的主要内容有以下方面。

①审核原始凭证。

原始凭证包括自制的入库单、出库单、调拨单、报销付款单据、回款收据、收入单据、销售小票，以及从外单位取得的发票或收据等。

原始凭证的审核内容如下。

自制的原始凭证格式是否符合企业会计核算制度的规定；所反映的经济业务是否合乎企业的财务规定、是否合理；凭证填写日期与经济业务发生日期是否相符、单据是否齐全、数据是否准确、是否签批通过。

各种原始凭证内容是否完整、是否列明接受单位名称；凭证的经济内容是否真实，品名、数量、单价是否填写齐全，金额计算是否准确；如有更改，是否有原经手人的签字证明。

凡需填写大、小写金额的原始凭证，大、小写金额是否一致；购买实物的原始凭证是否有验收证明（即入库单）；支付款项的原始凭证是否有收款单位或收款人证明或签字；报销凭证的审批手续是否完备、是否经授权审批人签字同意。

如果原始凭证遗失或未取得原始凭证，由原填制单位出具证明作为原始凭证或出具由 2 个以上经手人签字证明的原始凭证，并审核出具证明的内容是否合法，是否经查实无重复支付现象。

自制的原始凭证是否有凭证名称、填制日期、收款人姓名、付款人姓名、部门经理或总经理及经手人签字，金额计算是否准确、大小写是否齐全并格式正确。对外开具的原始凭证是否盖有公章及经手人签章。

对不合理、不合法或伪造、变造的原始凭证应严厉查处，按《企业规章制度》的规定进行处理。票据的填制按《票据管理制度》的规定进行规范。

②审核记账凭证。

记账凭证的审核内容如下。

记账凭证所附原始凭证是否齐全，内容是否与经济内容相符；对于需单独保管的重要原始凭证或文件，以及数量较多，不便附在记账凭证后面的原始凭证，是否在记账凭证上注明或留复印件等。

记账凭证的制作是否规范；会计科目使用是否准确；借贷方向是否正确。

记账凭证与原始凭证日期是否超过10天；内容、金额是否一致；摘要是否言简意赅、文理通顺、符合要求。

记账凭证的制单、复核，财务经理是否签名盖章；收付款凭证是否由经手人及出纳签名盖章；附件张数是否如实填写。

对调整账目的凭证，要审核调整依据是否充足、金额是否准确；摘要中简要说明调账原因，是否有相关附件。

（2）总账及报表稽核。

稽核人员应核查会计人员是否每月核对报表、总账、明细账；发现不符或错漏，是否通知相关人员进行更正；是否能保证财务报表的真实、准确、完整、及时。

（3）财产物资稽核。

①定期检查现金及银行存款日记账。

稽核人员应定期核查现金及银行存款日记账，采用实地盘点法，检查库存现金实存数与日记账余额是否相符，有无"白条抵库"、现金收付不入账等现象。

检查银行存款日记账与银行对账单是否相符，如未达账项是否填制银行存款余额调节表，未达账项原因是否查明，有无违反银行结算规定的现象。

②参与财产物资清查盘点。

稽核人员应每年至少参与两次财产物资清查盘点，监督财产清查过程，核对清查盘点表。

检查各项财产物资的管理是否按规定执行，是否有账账不符、账实不符现象，并了解原因。

对发生的盘盈、盘亏、报废、损毁等情况，要查明原因，并按规定程序报批后，进行账务处理。规范标准参照《固定资产管理制度》的规定。

（4）会计档案稽核。

①稽核人员应每月检查会计档案。

检查会计凭证、账簿、报表及其他会计资料是否按规定定期整理，装订成册，立卷归档。

检查会计档案是否按分类顺序编号，建立目录。

检查会计凭证、账簿、报表封面填写是否完整，有无档案调阅、移交、销毁登记情况，手续是否齐全。

②稽核人员应每月检查会计电算化工作。

检查是否按规定备份保管，是否有严格的硬软件管理规定并认真执行，是否符合安全保密要求。

稽核项目标准参照《会计档案管理制度》中的相应规定。

（5）资金筹集及运用稽核。

稽核人员应检查每一份资金贷款合同，对贷款银行、金额、利率、期限、贷款条件等进行审核，并审核资金的运用是否符合企业资金管理规定，每季度检查一次是否按期还贷等。

（6）关于协助内部稽核人员工作的要求。

各部门对稽核人员的工作应给予支持、协助。

稽核人员在开展工作时，可以根据需要，审阅有关文件，检查指定的会计资料，发现问题可向有关部门和个人进行调查，索取证明材料；对违反企业规章制度的部门和个人提出纠正、改进意见和措施；对严重失职，造成企业重大经济损失的部门和个人，可向企业领导提出处理意见或建议；对检查工作中发现的重大问题，要及时向领导反映，避免造成更大损失；对干扰、阻挠、拒绝、破坏稽核人员工作的部门和个人，可向财务经理反映，由企业人事部依照《企业规章制度》相应规定予以处置。

案例　全面预算管理制度

全面预算管理制度如下。

（1）总则。

为企业建立健全内部约束机制，通过全面预算管理工作来推动、监控企业战略目标和经营目标的实施，规范企业财务管理行为，制定本管理制度。

全面预算是对企业一定时期内（一般为一年）各项业务活动、财务表现等方面的总体预测。

管理原则：经济业务活动全部纳入预算管理，全员参与，综合平衡；预算管理应以完成企业经营计划目标为出发点；采用"量入为出"和"轻重缓急"相结合的工作方法；采用"自上而下"和"自下而上"相结合的预算编制流程；符合真实性和可行性原则；实行重大事项、例外事项预算报告制度和开展预算执行情况分析。

（2）预算管理组织体系。

①预算管理委员会。

预算管理委员会（以下简称"预委会"）是企业预算管理的最高决策机构，由企业总经理、副总经理、总经理助理和各部门负责人组成。

其主要职责为：负责主持制定、修订企业有关预算管理的制度或办法；讨论决定企业经营预算、投资预算、财务预算中上报的预算指标；讨论决定企业预算考核办法及兑现方案；讨论决定企业年度预算考核指标的重要调整及考核办法的修订；审议分析预算执行报告。

②预算监督部门。

财务部是全面预算的监督部门，其主要职责为：汇总编制企业预算，调整预算方案；协调、监督各部门预算统计人员工作；复核预算外付款申请是否经过适当审批；汇总编制企业预算执行报告；定期向预委会反映预算执行的问题，提出预算工作改进的意见与建议。

③预算责任单位。

企业各部门是全面预算的责任单位，其主要职责为：编制部门预算；执行、统计本部门预算，并控制预算实施；申请调整预算；接受上级预算指导、监督、考核。

（3）预算编制。

①编制原则。

编制全面预算应当本着"协调统一、相互配合"的原则，既分别承担不同的预算编制任务和责任，又体现部门间的配合统一。

编制全面预算应当本着"量入为出""轻重缓急"的原则，尽量组织收入，压缩不合理开支。

编制全面预算应当本着"自上而下、自下而上、全员参与、综合平衡"的原则。

编制全面预算应当自上而下分解目标，明确任务；自下而上层层填报，逐级审核把关、汇总；最终进行综合平衡以使预算合适、有效地得到控制和约束。

编制全面预算应当本着"实事求是"的原则。全面预算应当与企业经营管理实际情况相符。既不能为求得良好绩效，按较低的预算目标编制预算，也不能脱离实际编制目标过高的预算。

②编制内容。

全面预算的编制范围包括企业所有收、支项目。全面预算管理将预算具体划分为经营预算、投资预算和财务预算三大类。经营预算和投资预算，都必须以货币的形式反映在财务预算内。

经营预算是对企业日常发生的各项基本经营活动做出的预算，具体包括销售预算、销售费用预算和管理费用预算等。

投资预算是在资本性支出可行性研究的基础上编制的预算，具体反映何时投资、投资多少、资金来源和投资收益等。

财务预算是反映预算期内有关现金收支、经营成果和财务状况的预算，具体包括现金预算、预计损益表、预计资产负债表。

③编制程序。

由预委会组织召开预算会议，确定下年度全面预算的编制方法、要求、具体报审程序和时间计划并向各部门下发《部门预算申报表》。

各部门召开部门预算会议，填写《部门预算申报表》，提交企业财务部。财务部对各部门申报的部门预算进行审核、汇总，形成初步的企业年度预算草案后提交预委会审议。

预委会召开预算会议，对年度预算草案进行充分讨论，形成会议纪要。各部门根据预算会议的审议结果，调整部门预算，并重新申报。财务部对各部门调整后的部门预算进行审核、汇总，形成新的企业年度预算草案。

预委会召开预算会议，对年度预算草案进行充分讨论，审议通过后，下达企业正式的年度预算，由财务部备案并监督各部门执行。

（4）预算执行与控制。

每月企业计划工作会召开之前，企业各部门应当结合月度经营计划、资产新增计划、投资计划等相关资料编制部门月度预算。经企业计划工作会批准后的月度预算应当在财务部备案。财务部负责统筹安排资金收付及预算监督工作。

各部门应当结合月度预算严格控制费用支出，各项费用应该按各项经费管理要求进行使用和控制。预算外付款申请应严格执行预算外资金支付审批程序，按照相关财务管理制度规定进行请款和报销。

财务部作为预算执行的监督部门，有权利拒绝未经适当审批人员审批的预算外付款申请。

各部门应当建立部门预算执行统计台账，并由预算统计人员负责统计，及时登记本部门请款及报销金额。

每月末，部门预算统计人员将本部门预算统计台账与财务部数据信息进行核对，核对无误后报部门负责人签字确认。

财务部根据核对后的部门预算执行情况汇总编制企业《预算执行分析报告》，提交预委会审议。

《预算执行分析报告》主要包括以下内容：本期预算数、本期实际预算完成数、本期差异、累计预算数、累计实际发生数、累计差异数；对差异进行的具体分析；产生不利差异的原因、责任归属、改进措施建议。

（5）预算调整。

为保证预算的权威性和严肃性，批准正式下达的预算，原则上不予调整。但各部门在预算执行中市场环境、经营条件、政策法规等发生重大变化，使部门预算的编制基础不成立，或者将导致预算执行结果产生重大偏差的，每年可以调整一次预算。

年度预算如遇特殊情况确需调整时，必须由执行单位填写《预算调整申请表》，提交预委会审议。

由预委会组织召开预算会议，对《预算调整申请表》进行审议，研究讨论调整的原因、额度等。

预算调整申请经董事会审批后，由预委会下达调整后的预算并送财务部备案。

（6）预算考核。

①预算考核的目的。

预算考核是发挥预算约束与激励作用的必要措施，通过预算目标的细化分解与激励措施的付诸实施，达到引导企业每一位员工向企业战略目标方向努力的效果。

②预算考核的原则。

目标原则，即以预算目标为基准，按预算完成情况评价预算执行者的业绩。

激励原则，预算目标是对预算执行者业绩评价的主要依据，考核必须与激励制度相配合。

时效原则，即预算考核是动态考核，每期预算执行完毕应立即进行。

例外原则，即针对一些阻碍预算执行的重大因素，如产业环境的变化、市场的变化、重大意外灾害等，考核时应作为特殊情况处理。

分级考核原则，即预算考核要根据组织结构层次或预算目标的分解层次进行。

③预算考核的内容。

对企业经营业绩进行评价。

对预算执行部门进行考核评价。

④考核的实施。

每年年底，由财务部组织预算考核工作，根据考核内容编制《年度预算执行报告》，并提交预委会审议。

预委会召开预算会议，审议《年度预算执行报告》。

综合部根据企业效益情况和考核结果，结合企业绩效考核的相关规定，兑现奖惩。

案例 生产物料流程管理制度

生产物料流程管理制度如下。

为了准确、及时核算生产过程，使存货具有准确的核算记录，特制定本管理制度。

（1）原材料领用。

生产部计划员应以生产作业计划为依据开具《材料领用单》，应注明领料用于生产的产品型号、批次以及领用原材料的产品名称、规格和数量。《材料领用单》由生产部主管审核。

生产部指定人员持《材料领用单》向仓储部领用所需原材料。

仓储部仓管员审核单据手续是否齐全，与物料计划规定的名称、规格、数量是否相符，符合者予以发放原材料，并当面清点原材料的数量并记账。除领料单一联退领料单位外，其余两联由仓储部接收，其中一联自存，另一联送财务部。

生产部领料员领到原材料并进行合格验证后，发放至生产线生产。

生产剩余物料用红字填入《材料领用单》的退库项目，实物随表单退回仓储部。

拟报废物料填写《报废申请单》，通知仓储部，由质检部检验是否报废。如是供应商来料质量问题，通知采购人员进行处理，由财务部核定报废金额，报请总经理批准。

（2）产成品入库。

生产部产品生产结束及时入库，入库填写《产成品入库单》，一式三联，一联自存，其余两联由仓储部接收，其中一联仓储部自存，另一联送交财务部。

生产部每月月末清点生产车间的在产品，填制《在产品清单》，报送财务部、仓储部。

财务部财务人员依据《在产品清单》，根据完工程度，估算在产品价值，记入"库存商品——在产品"科目。

第 7 章

企业财务风险管理：建立企业内部控制稽查制度

财务风险管理是风险管理的一个分支，是一种特殊的管理功能。财务风险管理是指经营主体对其理财过程中存在的各种风险进行识别、度量和分析评价，并适时采取及时有效的方法进行防范和控制，以经济合理可行的方法进行处理，以保障理财活动安全正常开展，保证其经济利益免受损失的管理过程。

7.1 内部控制理论沿革和批判

随着我国经济的发展，企业对财务风险管理要求也越来越高。一个企业在日常运作过程中，要想保证企业经济实现快速发展，企业内部财务控制必须不断跟进。因此，企业需要不断完善风险管理体制，严格把握财务风险管理与内部控制之间的关系。

基于对企业财务风险管理要求的变化，我国内部控制理论经历了以下几个阶段。

7.1.1 内部牵制阶段

第一个阶段是内部牵制阶段。

内部牵制是指提供有效的组织和经营，并防止错误和其他非法业务发生的业务流程设计。其主要特点是以任何个人或部门不能单独控制任何一项业务全部的方式进行组织上的责任分工，每项业务通过正常发挥其他个人或部门的功能进行交叉检查或交叉控制。

7.1.2 内部控制阶段

第二个阶段是内部控制阶段。

内部控制包括组织的组成结构及该组织为保护其财产安全、检查其会计资料的准确性和可靠性，提高经营效率，保证既定的管理政策得以实施而采取的所有方法和措施。

7.1.3 会计控制与管理控制阶段

第三个阶段是会计控制与管理控制阶段。

广义地说，内部控制按其特点可以划分为会计控制和管理控制。会计控制由组织计划和所有保护资产、保护会计记录的可靠性或与此有关的方法和程序构成。管理控制由组织计划和所有为提高经营效率、保证管理部门所制定的各项政策得到贯彻执行或与此直接有关的方法和程序构成。

7.1.4 内部控制结构阶段

第四个阶段是内部控制结构阶段。

内部控制结构是指为了为实现特定企业目标提供合理保证而建立的一系列政策和程序构成的有机总体，包括控制环境、会计系统及控制程序三个部分。

（1）控制环境

控制环境是指对建立、加强或削弱特定政策和程序效率产生影响的各种因素。

（2）会计系统

会计系统规定各项经济业务的鉴定、分析、归类、登记和编报的方法，明确各项资产和负债的经营管理责任。

健全的会计系统应实现下列目标：鉴定和登记一切合法的经济业务；对各项经济业务按时进行适当分类，并以此作为编制财务报表的依据；将各项经济业务按适当的货币价值计价，以使其列入财务报表；确定经济业务发生的日期，以便按照会计期间进行记录；在财务报表中恰当地表述经济业务以及揭示有关内容。

（3）控制程序

控制程序，指管理当局所制定的用以保证达到一定目的的方针和程序。它包括下列内容：经济业务和经济活动的批准权；明确各个人员的职责分工，防止有关人员对正常业务图谋不轨地隐藏错弊。

7.1.5　一体化结构阶段

第五个阶段是一体化结构阶段。

一体化就是让企业作为一个整体协调动作，局部之间相互协调，相互促进，相互补充，相互强化，形成强大的组织力。

内部控制是受企业董事会、管理当局和其他员工影响的一个过程。这个过程为以下目标的实现提供合理保证：财务报告的可靠性、经营的高效率和良好效果、相关法律和法规的遵守。

内部控制由 5 个要素构成：内控环境、风险评估、内控程序、信息传递、监察。内部控制的 5 个要素如图 7-1 所示。

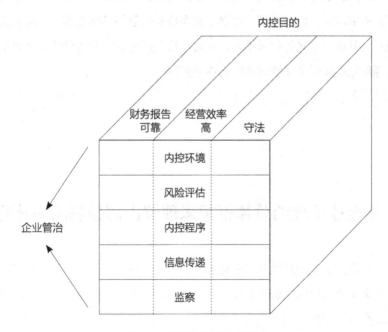

图 7-1　内部控制的 5 个要素

7.1.6　企业内部控制批判性思考

企业内部控制是一个经久不衰的话题，人们对内部控制的理论探讨先后经历了内部牵制阶段、内部控制阶段、会计控制与管理控制阶段、内部控制结构阶段和一体化结构阶段，其中每一阶段的发展都是一个扬弃的过程。

内部牵制仅仅抓住了内部控制的部分内容，较为狭隘，于是内部控制取代了内部牵制。由于内部控制没有划分内部控制的构成要素，亦无法满足审计人员承担与财务报表相关的内部控制的关注责任，它又被随后提出的会计控制与管理控制取代。这种取代被管理人员认为是审计准则制定者的武断行为，是"将一块美玉击成了碎片"，于是内部控制结构产生了。由于内部控制结构中控制程序这一要素并不能与控制环境及会计系统相并列，这一概念很快被一体化结构取代。如果从内部控制的一般层面来理解，一体化结构的逻辑应当是严密的，但是如果从操作层面来理解，一体化结构所描述的内部控制显然缺乏可行性。

内部控制是相对于外部控制而言的，更确切地说内部控制是组织内部针对不同的控制主体在其可控范围为了实现其既定的目标，以信息沟通为基础，采取一定的方法，对影响其目标实现的可控因素所做出的一切努力。这一概念涵盖了控制主体、控制客体、控制目标、控制手段和信息沟通等具体内容。一般意义的内部控制必须分解为不同的控制主体，在其可控范围内的控制活动才能够真正成为具有可操作性的属于企业管理范畴的内部控制。

7.2　从企业治理的总体框架来理解内部控制的主体定位

如何从企业治理的总体框架来理解内部控制的主体定位？首先需要理解治理结构是用来协调和控制组织内各参与者之间的利害关系和行为的一整套法律、惯例、文化和制度安排。

7.2.1 企业治理要解决的最基本的问题

企业治理要解决的最基本的问题——代理问题。

所谓企业治理结构，是一种据以对工商业企业进行管理和控制的体系。企业治理结构明确规定了企业的各个参与者的责任和权利分布，诸如董事会、经理层、股东和其他利益相关者，并且清楚地说明了决策企业事务时所应遵循的规则和程序。同时，它还提供了一种结构，使之用以设置企业目标，也提供了达到这些目标和监控运营的手段。

就企业角度而言，企业治理机制包含两方面内容：一是企业与股东及其他利益相关者之间的责、权、利分配；二是企业董事会及高级管理层为履行对股东的承诺，承担自己应有职责所形成的责、权、利在内部各部门及有关人员之间的分配。因此企业治理从某种意义上提供了企业法人财产制度的组织结构形态，如图7-2所示。

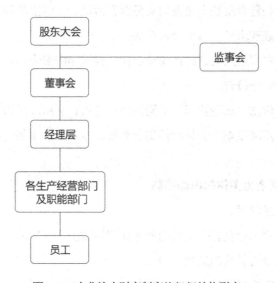

图7-2 企业法人财产制度的组织结构形态

这一组织结构形态的内在逻辑通过制衡来实现委托人对受托人的约束与激励，以最大限度地满足股东和利益相关者的权益。

纵观中外，许多企业都建立了企业治理的结构，然而在运行效果上值得思考。目前我国企业治理普遍存在的问题有：股东大会不能发挥应有作用，关键人具有几乎无所不管的控制权，监事会的功能非常有限，债权人对企业实施的监控作用较小，企业的市场价值与治理质量缺乏相关性等。安然公司的破产也突显了美国企业治理模式存在诸如治理结构中股东监督苍白无力、外部市场体系对董事的监管脆弱与滞后等缺陷。

7.2.2　建立在企业治理框架基础之上的内部控制

对许多企业来说企业治理更多的是一种概念和框架，而缺乏相应的细节性措施，缺乏在委托代理环节中约束与激励的具体控制活动。从这个意义上来说，将企业治理的框架与内部控制的主体定位相结合，可以达到形式与内容的完美结合。建立在企业治理框架基础之上的内部控制才是真正属于管理范畴的可操作层面的控制活动，并表现出三种形式。

（1）以股东为主体的内部控制

控制主体：股东。

控制客体：经营者及整个企业的业务经营活动。（这里的经营者主要指企业董事会成员、总经理班子、监事会成员等。）

控制目标：财富最大化、财产安全、能获得真实的报告。

信息沟通：财务报告。

控制手段：建立"三会四权"的刚性治理结构；利用产品市场、经理人市场和股票市场（"用脚投票"）进行控制；利用基本政策约束经营者；制定面向经营者的激励政策。

（2）以经营者为主体的内部控制

控制主体：经营者。

控制客体：管理者及整个企业的业务经营活动。（这里的管理者是指企业内部的职能部门及分支机构的负责人）

控制目标：实现经营目标、财产安全、能获得真实的报告。

信息沟通：责任报告。

控制手段：组织（人事）控制。

组织（人事）控制：设立董事会决策与监管的支持系统；构造实现企业目标的内部组织框架——责任中心的设立。

比如，双鹤药业的组织结构如图 7-3 所示。

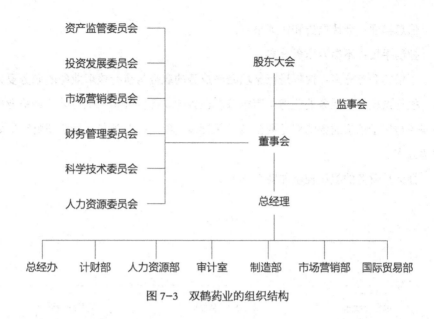

图7-3 双鹤药业的组织结构

再比如，中国石油化工股份有限公司董事会支持机构及职责如图7-4所示。

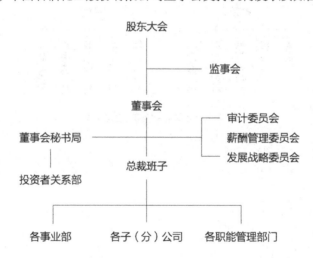

图7-4 中国石油化工股份有限公司董事会支持机构及职责

（3）以管理者为主体的内部控制

控制主体：管理者。

控制客体：普通员工及责任中心的业务经营活动。

控制目标：完成责任目标（资产安全、交易合法、如实报告和业务优化）、提高员工忠诚度和积极性。

信息沟通：会计报告和统计报告。

控制手段：不相容职务分离。

不相容职务分离：授权进行某项经济业务的职务与执行该项业务的职务要分离；执行某项经济业务的职务与审核该项业务的职务要分离；执行某项经济业务的职务与记录该项业务的职务要分离；保管某项财产的职务与记录该项财产的职务要分离。

会计和财务的组织控制如图 7-5 所示。

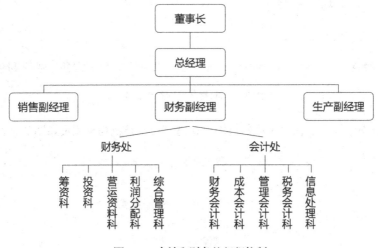

图 7-5　会计和财务的组织控制

7.3　企业集团内部控制

内部控制体系建设是深化企业集团内部管理的必然要求。所谓企业集团的内部控制制度，就是集团母公司对其所控股的子公司所制定并执行的一系列控制与约束的制度安排与政策规定。

由于企业集团内部存在着严重信息不对称的现象，而且集团母公司管理者的个人智力与沟通能力十分有限，再加上集团经营环境纷繁复杂，母公司就应当向其所控股的子公司下放一定的经营权与管理权。然而，集团母公司与子公司的经营决策者关于各自的经营目标有可能存在着不一致的现象，这就很有可能致使集团子公司为了追求子公司自身利益的最大化而去损害集团母公司的利益。

所以，作为企业集团参与内部控制的主体，母公司必须要对母子公司的委托代理关系加强控制与管理，进而界定二者的责、权、利，从而推动企业集团决策机制的形成，以达到企业集团约束经营管理者的决策行为、减少委托代理成本的目的。

7.3.1　企业集团的特征及类型

《中华人民共和国公司法》中并没有"集团"一说，只有有限责任公司和股份有限公司的提法。有的公司进行多元化经营战略，在多个领域均成立了相应的子公司，这样，母子公司之间会因为这种"血缘"关系组成一个企业集团。这些就是我们常说的集团公司的由来。

所谓"集团公司"，在我国是指投资多个子公司的企业。通常也把有控股关系的母公司和其子公司都称为"××集团"企业。集团不一定是企业，也就是说可以是事业单位，比如有的省市的广电集团。

（1）从介于市场与科层组织的中间组织看企业集团的基本特征

首先，利用纯市场方式协调企业间关系的利与弊。

利：分享外部独立企业的规模经济和范围经济；利用外部独立企业的核心生产能力；保留市场固有的灵活性和高强度激励。

弊：交易费用高。

其次，利用纯组织方式协调企业间关系的利与弊。

利：节约市场的交易费用，实现快速协调；将企业的外部性内部化。

弊：丧失市场交易所固有的高强度激励和灵活性。

最后，市场与组织的渗透与中间组织的形成，如表 7-1 所示。

表 7-1 市场与组织的渗透与中间组织的形成

市场组织 （Market Organization）	M_2	M_2+O_2	O_2
M_1	纯市场	有组织准则参与的市场	—
M_1+O_1	有组织准则参与的市场	中间组织	有市场准则参与的组织
O_1	—	有市场准则参与的组织	纯组织

从介于市场与科层组织的中间组织看企业集团的基本特征，如表 7-2 所示。

表 7-2 企业集团的基本特征

企业集团	制度安排形式		
	市场	中间组织	组织
配置资源的方式	价格机制	价格机制和科层组织混合调节	科层组织调节
调节参考点	价格	契约和隐含契约	权威
调节力量来源	供求	谈判、博弈	计划
主要相对成本	交易成本	交易成本和组织成本	内部组织成本
交易成本比较	大	适中	小
组织成本比较	小	适中	大
稳定性比较	弱	较强	强
业务关联性	无	较强	强
合作性	弱	较强	强
竞争性	强	较强	弱

（2）企业集团的基本特征

企业集团的基本特征包括 4 个。

①是由多个法人企业组成的企业联合体。

企业集团的各成员企业包括母公司、子公司和其他成员企业，它们都是具有独立法人资格的单独企业，各自独立依法享有民事权利和承担民事责任。而企业集团本身不是法律主体，没有民事权利，不承担民事责任，既不是统负盈亏的经济实体，也不具备总体法人地位。

企业集团只是建立在控股、持股基础上的法人集合。单个法人企业或大型联合企业不能称为企业集团。

②以产权为主要联结纽带。

企业集团之间有多种联结纽带，但是以产权联结纽带为主。企业集团以母子公司为主体，这是企业集团区别于其他企业联合体最基本的特征。

③以母子公司为主体。

企业集团的主体是核心层和紧密层。核心层，就是集团公司，实质上具有控股公司、母公司性质，也就是核心企业；紧密层是若干全资子公司、控股公司。

④具有多层次结构。

企业集团必须有一个起主导作用的核心企业，这个核心企业一般称为集团母公司或集团公司、集团总部。集团公司可以是一个既从事生产经营又从事资本经营的混合经营型公司，也可以是一个专门从事资本经营的单纯管理型公司。在企业集团内部，集团公司依据产权，统一行使出资人所有权（产权）职能，统一投资决策，统一配置资源，统一调整结构。集团公司应有明确的通过企业集团体制实现的市场目标，有明确的整体发展战略规划。

企业集团间接资本联结程度不同形成多层次企业组织结构。第一层次企业是集团公司，实质上具有控股公司、母公司性质，也称核心企业。第二层次企业包括控股层企业、参股层企业和协作层企业。控股层企业由若干全资子公司、控股公司组成；参股层企业，由母公司持有股份但未达到控股的若干关联公司组成；协作层企业，由若干签有长期合同和托管、承包协议的成员企业组成。第三层次企业由一级子公司、关联公司、再投资设立的二级子公司、关联公司组成。依此类推，母公司、子公司、关联公司之间可以互相参股。根据各国经验，一般子公司不得对母公司反向持股。

（3）企业集团的类型

企业集团包括以下几种类型。

大型生产联合公司，是由许多生产同类商品的企业或者在生产上有密切联系的一些企业相互联合组成的一个庞大的企业组织。

大型综合经营联合公司，是把不同部门中的许多企业联系在一起，并以其中实力最雄厚的大企业为核心而形成的多种企业集团。

金融信托投资公司，是指金融机构与生产经营企业的联营企业。

企业集团基本上由有控股和被控股关系的母公司和子公司组成，其联系的纽带是投资。

常见的母子公司型企业集团形式有两种。第一种形式，采用"母公司 – 子公司 – 工厂"形式。具体如图 7-6 所示。

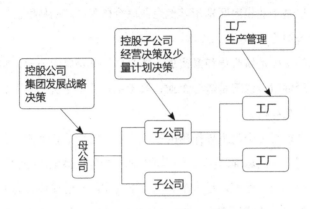

图 7-6　采用"母公司 – 子公司 – 工厂"形式

第二种形式，采用"集团本部 – 事业部 – 工厂"形式，如图 7-7 所示。

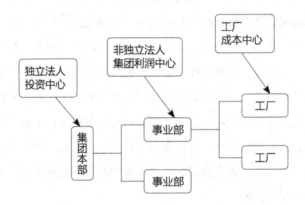

图 7-7　采用"集团本部 – 事业部 – 工厂"形式

（4）与企业集团相关的其他中间组织关系

与企业集团相关的其他中间组织关系包括渐变一体化、战略联盟、机会性联盟、分包网络、隐含契约的伙伴关系、企业集群。

7.3.2　企业集团治理及其与一般公司治理的异同

企业集团治理与一般公司治理的同：企业集团内部的企业，特别是公司制企业也面临着与一般公司一样的代理问题。

　　企业集团治理与一般公司治理的异：在股权结构，股东大会、董事会和监事会的构成，经营者的激励方式，以及市场治理的强度等方面企业集团可能与一般公司存在较大差别，从而使同一治理机制在一般公司和企业集团的作用力度和方式上出现差异。

　　一般的公司治理着重解决代理问题，企业集团除此之外还要解决成员企业之间的交易费用问题。

7.3.3　集团公司对成员企业的控制和协调

　　集团公司对成员企业的控制和协调，包括三个方面，即股权控制、人事控制、财务控制（财务部长下管一级、财务总监制度、成立集团财务公司）。

　　下面来看我国某石化集团财务公司结算中心模式及运行机制。

　　我国某石化集团在其财务公司建立结算中心，通过开展结算中心业务，企业的应收账款大幅下降。同时，内部结算推动了省市公司资金集中管理体制的建立，促进了集团内部运营体制的改善。该结算中心逐步摸索出一整套内部结算模式，为集团重组上市后深化结算工作、加强资金集中控制打下了基础。

　　（1）限定结算范围及对象

　　结算范围：内部结算对象只限于集团公司所属成员单位，包括集团公司的全资企业、控股企业和参股企业（包括上市公司和非上市公司），各类企业主体的下属单位只能通过主体企业办理结算业务。

　　确定结算品种：内部结算的结算品种主要限于集团公司内部的主营产品和业务，如原油购销、成品油购销、原料互供、关联交易等。

　　（2）资金结算和集中控制体现为四个统一、三项协议、二级财务控制

　　①四个统一。

　　该模式实现了票据流、资金流和信息流的有序统一，使集团总部对各分（子）公司资金流转现状的掌握和统一配置成为现实。

　　四个统一包括：统一结算软件；统一凭证格式；统一票据传递；统一结算报表。

　　②三项协议。

　　该模式使各参与主体能在一个结算纪律严格、层级界定明确、激励与约束对称的规则中开展活动。

三项协议包括：转账结算协议；周转贷款协议书；票据贴现、转贴现协议书。

③二级财务控制。

第一层，将整个集团财务公司划分为七块，即中国某石化财务有限责任公司和六个财务分支机构（业务点或办事处）。每个分支机构由财务总部制定所有岗位的责任制度，做到各司其职、各负其责。各分支机构负责制定自身的经营计划并上报总部，管理所属辖区内各分（子）公司的资金转账结算（包括票据的流动、资金的流动和信息的传递），票据贴现和转贴现的协议签订、审核，周转贷款协议的签订和存贷款办理，对各分（子）公司头寸进行控制与集中，内部稽核，以及会计核算等业务。

第二层，作为某石化集团财务公司财务控制的最高层级，负责整个分支机构经营计划和资金占用额度的审核与批准；内部转账结算、贷款协议、贴现协议、统一票据等规则的制定与审批；对各财务分支机构再贴现和转贴现进行统一安排；统一调配整个集团各分支机构资金，统一管理头寸，并每日将各分支机构的超定额资金通过银行集中到财务公司总部的银行加以控制和监督；统一由总部稽核处负责对公司本部及各分支机构进行现场和非现场稽核和专项稽核。其职能可以概括为负责整个集团统一信贷、统一规则、统一资金集中、统一资金调配、统一稽核监管，因此这个层级是票据流、资金流和信息流的终端，业务的发生与监控主要在各财务分支机构与财务公司总部之间进行。

某石化集团财务公司总部组织架构如图 7-8 所示。

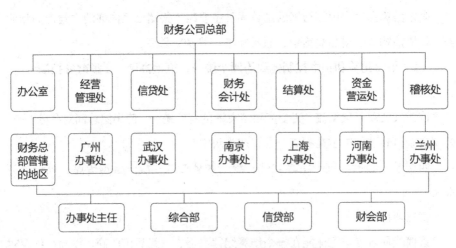

图 7-8　某石化集团财务公司总部组织架构

在该石化集团的模式中，集团对各分（子）公司的控制是通过各财务分支机构来实现的，从而体现出资者对资金运用的最终决策和控制权。财务公司总部对各分支机构的监督与控制，一方面使财务的分层控制成为现实，另一方面更多地体现了总部的战略意图、全局思想、金融风险防范意识和对出资者利益的保护。

7.3.4 母公司对子公司的控制和协调模式

母公司对子公司的控制和协调模式有以下几种。

（1）企业集团的资本控制型模式

企业集团的资本控制型模式如图7-9所示。

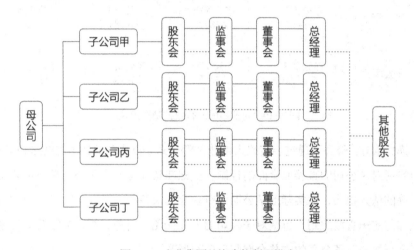

图 7-9 企业集团的资本控制型模式

模式描述：母、子公司均为独立法人，母公司通过资本投入获得对子公司的控制权。具体来说，母公司依法参与子公司的股东会、监事会及董事会，对子公司的人事任免、财务状况及经营活动等进行监控。母公司从子公司中获取利益的方式只能是按股分红。

该模式适用于大型综合性多元化经营的企业集团。

优点：母公司对子公司的经营风险只承担以出资额为限的有限责任；有利于减少企业集团的管理成本。

缺点：母公司对子公司控制的及时性相对较弱、力度相对较小；母公司与子公司信息不对称；子公司经理层掌握较大的自主权。

（2）企业集团的行政控制型模式

企业集团的行政控制型模式如图 7-10 所示。

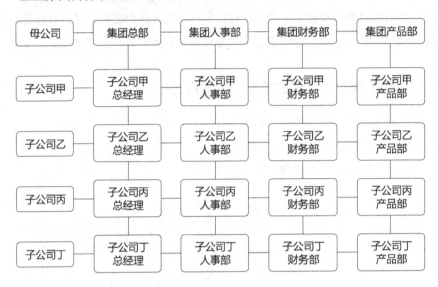

图 7-10　企业集团的行政控制型模式

模式描述：母公司通过全资投入或兼并等方式，获得对子公司的绝对控制权，从而实现对子公司的直接而全面的控制。虽然在法律意义上子公司是与母公司地位平等的法人机构，但实际上子公司没有独立的决策权。母公司对子公司的所有职能部门实施直接控制，包括对子公司的人事任免、财务、投资及经营活动等各方面进行控制。子公司的收益全部归母公司所有。

该模式适用于规模较大的集中化经营的企业集团。

优点：母公司对子公司控制力度大；信息对称；便于母公司集中调配企业集团内各种资源。

缺点：母公司的资产风险大；子公司经理层积极性难以调动；纵向指令线路多，横向协调工作量大。

（3）企业集团的参与控制型模式

企业集团的参与控制型模式如图 7-11 所示。

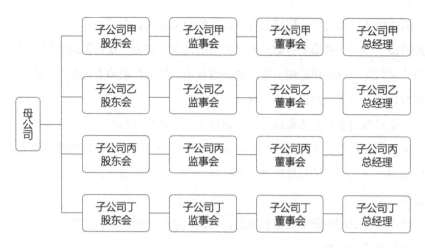

图 7-11 企业集团的参与控制型模式

模式描述：子公司的经理层必须是子公司的股东，股东与母公司共同参股；经理人员与母公司之间的关系既不是任命关系也不是纯粹意义上的委托代理关系；子公司的董事会十分关键，母公司和子公司对重大经营问题进行决策时只能在子公司的董事会上协商解决。

该模式适用于高新技术企业集团。

优点：对子公司经理层的激励作用大；母公司的风险较小；子公司管理层关注企业的发展潜力；对环境变化的适应性较强。

缺点：容易造成子公司经理人员的本位主义倾向；母公司对子公司经理人员的控制约束力较弱。

（4）企业集团的平台控制型模式

企业集团的平台控制型模式如图 7-12 所示。

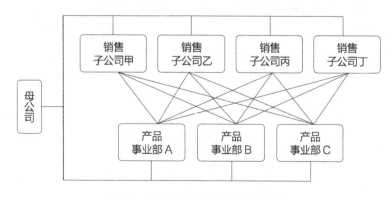

图 7-12 企业集团的平台控制型模式

模式描述：母公司全资或以可以控股的资金投入，在销售本集团产品的地区设立销售子公司，并全面控制这些子公司的人事、财务、市场策划等经营活动，即子公司只能按母公司的统一安排销售母公司下属的产品事业部生产的产品。子公司为整个企业集团提供销售平台。

该模式适用于需要跨地区、跨国销售多种专业化产品的小型企业集团。

优点：企业集团生产的产品可以直接面向市场；产品事业部能通过销售平台直接得到市场对产品的反馈信息；管理层级少，管理跨度小，便于母公司统一指挥运作。

缺点：子公司的营销能动性不足；母公司承担的风险大；子公司与母公司的利益目标容易产生冲突。

战略化财务管理目标是实现企业价值最大化（使相关者利益最大化）。而实现这一战略化财务管理目标，必须树立长远的观点，始终与企业总目标相一致，并与质量、技术等其他管理目标联系起来加以考虑。

8.1　企业目标化、数字化管理

企业财务管理目标对全部理财活动具有根本性的影响。确立企业财务管理目标是明确现代理财思想、建立现代理财方法和措施必须重点考虑的问题。在现代企业制度下，应如何确立企业财务目标，实现企业财务数字化管理呢？

8.1.1　战略目标描述与数字化管理

管理中有一句话："你衡量什么，就得到什么！"这里的"衡量"不仅表示企业内部对员工的业绩考核，还指对企业整体绩效的评价。

平衡计分卡（Balanced Score Card，BSC）就是一套很好的衡量企业整体绩效的工具，它包括构成企业整体业绩的指标和企业内部各个业务单元价值创造的指标。它从财务、客户、内部运营和学习与成长 4 个方面来分解组织战略，这4 个方面紧密联系构成了一个完整的因果关系链。

BSC 四个方面的因果关系如图 8-1 所示。

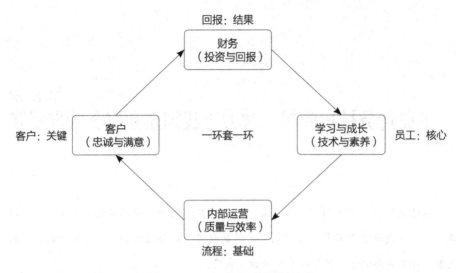

图 8-1　BSC 四个方面的因果关系

企业最终目标是为股东创造价值，也就是实现一定的财务目标。

通过图 8-1 可以看出，净资产收益率可以作为财务方面的一个计量指标。而实现这个目标的前提是保持现有客户的忠诚度以及不断增加新客户，这是客户方面的目标。

要做到维持老客户和增加新客户，企业必须要按时按质交货，以提高客户满意度。为了达到按时按质交货的目标，企业可能会要求在经营过程中缩短周转时间和改善内部过程的质量，这是内部运营方面的目标。

改善企业内部运营过程的质量并缩短内部运营的周转时间则要通过培训员工并提高他们的技术水平和素质来实现。要培训员工并提高他们的技术水平和素质，从财务角度来说又必须投入更多资金。

以上 4 个方面是一环套一环的。企业战略地图（见图 8-2）系统说明了四个方面的关系。

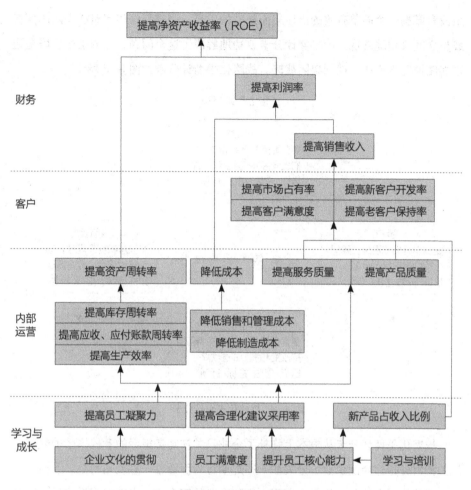

图 8-2　企业战略地图

实现企业简单的财务目标，需要客户、财务、内部运营和学习与成长这四个方面因素的支持。而学习与成长目标的实现保证了内部运营目标的实现，内部运营目标的实现又保证了客户目标的实现，从而保证了最终财务目标的实现。

8.1.2　战略化平衡计分卡

BSC 是常见的绩效考核方式之一。平衡计分卡是从财务、客户、内部运营、学习与成长四个角度，将组织的战略落实为可操作的衡量指标和目标值的一种新型绩效管理体系。也就是说，平衡计分卡主要通过图、卡、表来实现战略规划。

当组织规模日益膨胀，面对大规模、多层次、多地域带来的管控挑战时，如果没有掌握一个简单有效的描述集团战略的工具，必将无法将战略在集团内部各成员之间直观地展现。而平衡计分卡成功地解决了这个问题，它的主要功能是通过战略地图来描述、规划集团战略。战略化平衡计分卡如图 8-3 所示。

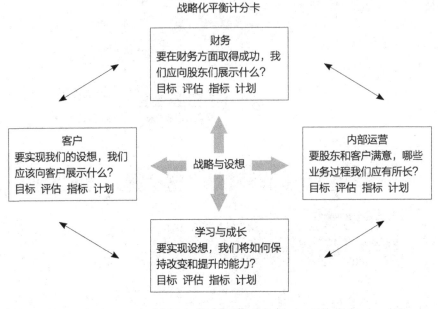

图 8-3　战略化平衡计分卡

战略化平衡计分卡从根本上弥补了企业只关注财务指标的考核体系的缺陷。仅关注财务指标会使企业过分关注一些短期行为而牺牲一些长期利益。

战略化平衡计分卡的优点在于：它从企业的四个方面来建立衡量体系，即财务、客户、内部运营、学习与成长。这四个方面是相互联系、相互影响的，其他三类指标的实现，最终保证了财务指标的实现。

8.1.3　愿景和策略

BSC 是一个科学的集公司战略管理控制与战略管理绩效评估于一体的管理系统，其基本原理和流程简述如下。

（1）以组织共同愿景与战略为内核，运用综合与平衡的哲学思想，依据组织结构，将公司愿景与战略转化为下属各责任部门（如各事业部）在财务、客户、内部运营、学习与成长四个方面的系列具体目标（即成功的因素），并设置相应的四张计分卡。BSC 基本框架如图 8-4 所示。

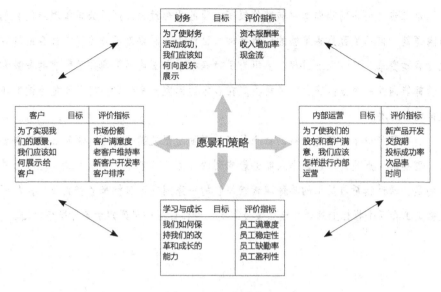

图 8-4　BSC 基本框架

（2）依据各责任部门分别在财务、客户、内部运营、学习与成长四个方面的目标，设置对应的绩效评价指标体系。这些指标不仅与公司战略目标高度相关，而且以先行与滞后两种形式，同时兼顾和平衡公司长期目标和短期目标、内部利益与外部利益，综合反映战略管理绩效的财务与非财务信息。

（3）由各主管部门与责任部门共同商定各项指标的具体评分规则。一般是将各项指标的预算值与实际值进行比较，对应不同范围的差异率，设定不同的评分值。以综合评分的形式，定期（通常是一个季度）考核各责任部门在财务、客户、内部运营、学习与成长四个方面的目标执行情况，及时反馈，适时调整战略偏差，或修正原定目标和评价指标，确保公司战略得以顺利与正确地实行。

案例　饮料公司 BSC 实施过程

在构造公司的平衡计分卡时，高层管理人员强调保持各方面平衡的重要性。为了达到该目的，可口可乐瑞典饮料公司使用的是一种循序渐进的过程，采取三个步骤。

第一步，阐明与战略计划相关的财务措施，然后以这些措施为基础，设定财务目标并且确定为实现这些目标而应当采取的适当行动。

第二步，在客户方面重复该平衡计分卡构造过程。在此阶段，注重的问题是"如果完成财务目标，必须怎样看待客户"。

第三步，公司明确向客户转移价值所必需的内部过程，然后公司管理层问自己的问题是：自己是否具备足够的创新精神，自己是否愿意为了公司以一种合适的方式发展和变革。经过上述过程，公司为了确保各个方面达到平衡并且所有的参数和行动都能向同一个方向变化，公司决定在各方达到完全平衡之前有必要把不同的步骤再重复几次。

将平衡计分卡的概念分解到每个员工的层面上很关键。在可口可乐瑞典饮料公司，重要的一点是，只依靠个人能够影响到的计量因素来评估个人业绩。这样做的目的是，通过测量与员工的具体职责相关联的一系列确定目标来考查其业绩，从而根据员工在几个指标上的得分建立奖金制度，进而保障公司聚焦于各种战略计划。

8.2 如何提升企业价值

战略化财务管理的目标是实现企业价值最大化，那么如何提升企业价值呢？

企业价值评估，也叫企业估值，是着眼于上市公司和非上市公司本身，对自身的价值进行评估。一般来说，企业的资产以及盈利能力决定企业价值。

企业估值是投融资、交易的前提。一家投资机构将一笔资金注入一家企业，应该占有的权益首先取决于该企业价值。企业价值是多少？企业估值的方法有哪些？

8.2.1 企业估值：影响企业价值的主要因素

企业估值体现出企业未来整体的价值。企业估值是因为企业有投融资、交易需求，估值是企业对等换取投资或股份等权益的重要依据；同时对于资本方，企业估值可以将企业内在价值与其当前股价做对比判断，以此确定投资安全边际。企业估值也是企业评估战略规划发展的重要依据。

影响企业价值的主要因素如图 8-5 所示。

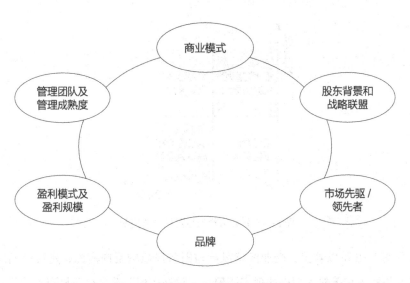

图 8-5　影响企业价值的主要因素

影响企业整体价值的因素很多，包括品牌、盈利模式及盈利规模、管理团队及管理成熟度、商业模式、股东背景和战略联盟、市场先驱/领先者等因素。首先，在一定条件下，企业所拥有的资产数额越多，企业盈利能力就越强。因此，掌握企业全部资产数量和质量是进行企业价值评估的关键。

其次，企业盈利能力是进行资产评估的一项非常重要的指标。另外，企业的生存和发展，除了取决于企业自身的努力外，还受外部环境的影响。企业外部环境包括市场、政府政策法规等。

8.2.2　投融资管控工具：财税战略矩阵与企业价值管理

财务风险与经营风险的搭配如下：经营风险（Business Risk）由特定的经营战略决定，财务风险（Financial Risk）由资本结构决定，它们共同决定了企业的总风险。财务风险与经营风险的搭配如图 8-6 所示。

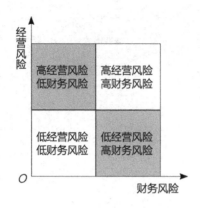

图8-6　财务风险与经营风险的搭配

由图8-6可以看出，企业经营风险与财务风险的反向搭配，是可以同时符合权益投资人和债权人期望的现实搭配。"双高搭配"符合权益投资人的要求，不符合债权人的要求，会因找不到债权人而无法实现。"双低搭配"对债权人来说是一个理想的资本结构，但不符合权益投资人的期望，不是现实的搭配。

（1）企业不同发展阶段的财税战略

投资者的回报，要分两种情况。

权益投资人：资本利得＋股利。

债权人：本金＋利息。

企业发展阶段的财税战略如表8-1所示。

表8-1　企业发展阶段的财税战略

风险搭配与财税战略		企业的发展阶段				
		创业阶段	生存阶段	摆脱束缚成功发展阶段	起飞阶段	成熟阶段
风险搭配情况	经营风险	非常高	高	高	中等	中等
	财务风险	非常低	低	低	中等	中等
财税战略	资本结构	债务融资	主要是债务融资	权益融资	权益融资	权益融资＋债务融资
	资金来源	风险资本	权益投资增加	权益投资	债务融资	保留盈余＋债务
	股利	不分配	分配率很低	分配率中等	分配率中等	分配率高

续表

风险搭配与财税战略		企业的发展阶段				
		创业阶段	生存阶段	摆脱束缚成功发展阶段	起飞阶段	成熟阶段
常见指标	价格/盈余倍数（市盈率）	非常高	高	中	中	中
	股价	迅速增长	增长并波动	增长	增长	稳定

（2）基于创造价值或增长率的财税战略选择

影响价值创造的主要因素如表 8-2 所示。

表 8-2　影响价值创造的主要因素

企业市场增加值	计量企业价值变动的指标是企业市场增加值，即特定时点企业资本的市场价值与占用资本的差额，简称"市场增加值" 企业市场增加值＝企业资本市场价值 − 企业占用资本 计算公式中的"企业资本市场价值"是权益资本和债务资本的市价 计算公式中的"企业占用资本"是指同一时点估计的企业占用的资本数额（包括权益资本和债务资本）。它可以根据财务报表数据调整来获得。这种调整主要修正会计准则对经济收入和经济成本的扭曲。调整的主要项目包括坏账准备、商誉摊销、研究与发展费用等 【注意】企业的市场价值最大化并不意味着创造价值 企业市场增加值 ＋ 企业占用资本 ＝ 企业资本市场价值
权益增加值与债务增加值	企业市场增加值＝企业资本市场价值 − 企业占用资本 企业市场增加值＝（权益资本市场价值 ＋ 债务资本市场价值）−（占用权益资本 ＋ 占用债务资本） ＝（权益资本市场价值 − 占用权益资本）＋（债务资本市场价值 − 占用债务资本） ＝权益增加值 ＋ 债务增加值 【说明】债务增加值是由利率变化引起的 如果利率水平不变，举借新的债务使占用债务资本和债务资本市场价值等量增加，债务增加值为零 如果利率发生变化，由于其为企业不可控因素，所以在考核管理者业绩时应剔除 因此，增加企业价值就等于增加股东价值
影响企业市场增加值的因素	影响企业市场增加值的主要因素分析过程如下： 假设企业也是一项资产，可以产生未来现金流量，未来现金流量永远以固定的增长率增长，其价值可以用永续固定增长率模型估计 企业价值＝现金流量 ÷（资本成本 − 增长率）

影响企业市场增加值的因素	其中： 现金流量＝息税前利润×（1－税率）＋折旧－营运资本增加额－资本支出＝税后经营利润－（营运资本增加额＋资本支出－折旧） ＝税后经营利润－投资资本增加额 假设企业价值等于企业的市场价值： 企业市场增加值＝企业价值－投资资本 企业价值＝现金流量÷（资本成本－增长率） 现金流量＝税后经营利润－投资资本增加额 企业市场增加值＝现金流量÷（资本成本－增长率）－投资资本 企业市场增加值＝[（税后经营利润－投资资本增加额）÷（资本成本－增长率）]－投资资本 ＝（税后经营利润－投资资本增加额－投资资本×资本成本＋投资资本×增长率）÷（资本成本－增长率） 由于增长率是固定的 投资资本增加额÷投资资本＝增长率 税后经营利润÷投资资本＝投资资本回报率 所以 企业市场增加值＝[（投资资本回报率－资本成本）×投资成本]÷（资本成本－增长率） 【结论】 根据企业市场增加值的计算公式可知，影响创造价值的因素有3个，即投资资本回报率、资本成本（指的是加权平均资本成本）、增长率 这3个因素对企业增加值的影响是不同的 经济增加值是分年计量的，而市场增加值是预期各年经济增加值的现值 经济增加值＝税后经营利润－资本成本×投资资本 ＝（税后经营利润÷投资成本－资本成本）×投资资本 ＝（投资资本回报率－资本成本）×投资资本 因此： 企业市场增加值＝经济增加值÷（资本成本－增长率）
销售增长率、筹资需求与价值创造	在资产周转率、销售净利率、资本结构、股利支付率不变（目前经营效率和财务政策不变）并且不增发和回购股份的情况下： （1）销售增长率超过可持续增长率：现金短缺。这种增长状态为高速增长。这里"现金短缺"是指在当前的经营效率和财务政策下产生的现金，不足以支持销售增长，需要通过提高经营效率、改变财务政策或增发股份来平衡现金流动

续表

销售增长率、筹资需求与价值创造	（2）销售增长率低于可持续增长率：现金剩余。这种增长状态为缓慢增长。这里的"现金剩余"是指在当前的经营效率和财务政策下产生的现金，超过了支持销售增长的需要，剩余的现金需要投资于可以创造价值的项目（包括扩大现有业务的规模或开发新的项目），或者还给股东
	（3）销售增长率等于可持续增长率：现金平衡。这种增长状态为均衡增长。这里的"现金平衡"是指在当前的经营效率和财务政策下产生的现金，与销售增长的需要可以保持平衡。这是一种理论上的状态，现实中不平衡是绝对的
	从财务的战略目标考虑，必须区分两种现金短缺：一种是创造价值的现金短缺，另一种是减损价值的短缺。对于前者，应当设法筹资以支持高增长，创造更多市场增加值；对于后者，应当提高可持续增长率以减少价值减损。同样道理，也有两种现金剩余：一种是创造价值的现金剩余，企业应当用这些现金提高股东价值增长率，创造更多价值；另一种是减损价值的现金剩余，企业应当把资金还给股东，避免更多价值减损
	【总结】 综上所述，影响价值创造的因素主要有：①投资资本回报率；②资本成本；③增长率；④可持续增长率。它们是影响财税战略选择的主要因素，也是管理者为增加企业价值可以控制的主要内容

价值创造和增长率矩阵如图 8-7 所示。

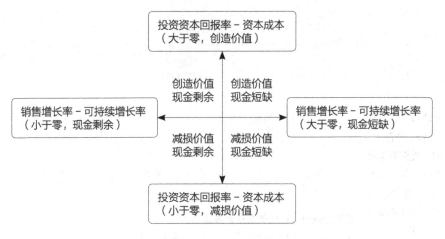

图 8-7 价值创造和增长率矩阵

价值创造和增长率矩阵与财税战略的选择如表 8-3 所示。

表8-3　财税战略的选择

情况	财税战略
增值型现金短缺（第一象限）即：投资资本回报率–资本成本＞0，销售增长率–可持续增长率＞0	（1）如果高速增长是暂时的，则应通过借款来筹集所需资金（2）如果高速增长是长期的，则资金问题有两种解决途径①提高可持续增长率，包括提高经营效率（提高税后经营利润率和经营资产周转率）和改变财务政策（停发股利、增加借款），使之向销售增长率靠拢②增加权益资本（增发股份、兼并成熟企业），提供增长所需资金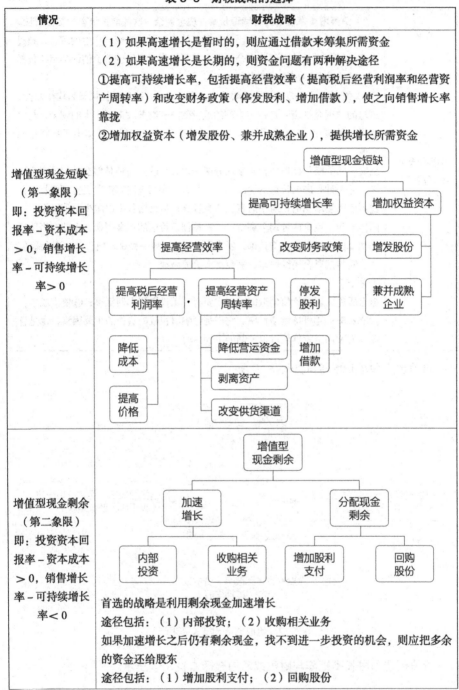
增值型现金剩余（第二象限）即：投资资本回报率–资本成本＞0，销售增长率–可持续增长率＜0	首选的战略是利用剩余现金加速增长途径包括：（1）内部投资；（2）收购相关业务如果加速增长之后仍有剩余现金，找不到进一步投资的机会，则应把多余的资金还给股东途径包括：（1）增加股利支付；（2）回购股份

续表

情况	财税战略
减损型现金剩余（第三象限）即：投资资本回报率−资本成本＜0，销售增长率−可持续增长率＜0	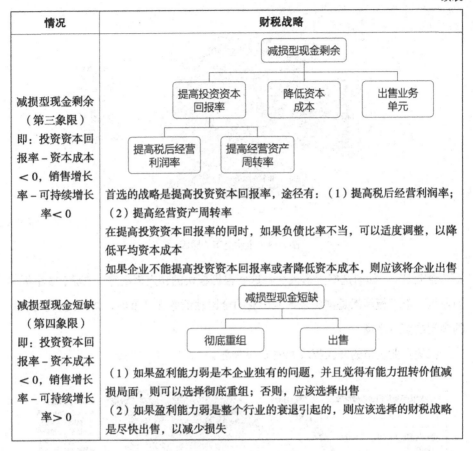首选的战略是提高投资资本回报率，途径有：（1）提高税后经营利润率；（2）提高经营资产周转率 在提高投资资本回报率的同时，如果负债比率不当，可以适度调整，以降低平均资本成本 如果企业不能提高投资资本回报率或者降低资本成本，则应该将企业出售
减损型现金短缺（第四象限）即：投资资本回报率−资本成本＜0，销售增长率−可持续增长率＞0	减损型现金短缺 彻底重组　　出售 （1）如果盈利能力弱是本企业独有的问题，并且觉得有能力扭转价值减损局面，则可以选择彻底重组；否则，应该选择出售 （2）如果盈利能力弱是整个行业的衰退引起的，则应该选择的财税战略是尽快出售，以减少损失

8.2.3　IPO 股权融资：上市的意义

首次公开募股（Initial Public Offering，IPO）是企业发展到一定阶段的重要选择。企业上市融资不仅可以使企业获得稳定的长期资金来源，扩充资本实力，而且有助于改善法人治理结构，促进经营规范化，从而使企业的综合竞争力有质的飞跃。

世界 500 强，大部分是上市企业，大多不是靠自身积累成为世界 500 强的。企业上市的原因如图 8-8 所示。

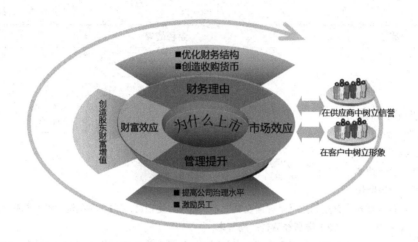

图 8-8　企业上市的原因

企业 IPO，如何选择上市板块？这要根据板块的特点来决定。主板、中小板、创业板、新三板等都是国务院批准设立的全国性证券交易市场，共同构筑了我国的多层次资本市场。

我国企业上市的几大板块如图 8-9 所示。

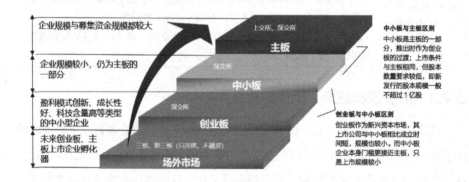

图 8-9　企业上市的几大板块

总体而言，目前我国已形成了多层次的资本市场体系。对企业来说，需根据自身情况、发展规模、募集资金大小选择不同的上市板块。

IPO 股权融资——上市具体条件比较如表 8-4 所示。

表 8-4　IPO 股权融资——上市具体条件比较

条件	主板	创业板
主体资格	依法设立且持续经营 3 年以上的股份有限公司，经国务院批准的除外	依法设立且持续经营 3 年以上的股份有限公司
经营年限	持续经营时间应当在 3 年以上	持续经营时间应当在 3 年以上
主营业务	最近 3 年内主营业务没有发生重大变化	最近 2 年内主营业务没有发生重大变化
董事及高管	最近 3 年内董事及高管没有发生重大变化	最近 2 年内董事及高管未发生重大变化
实际控制人	最近 3 年内实际控制人未发生变更	最近 2 年内实际控制人未发生变更
募集资金用途	应当有明确的使用方向，原则上用于主营业务	应当具有明确的用途，且只能用于主营业务
同业竞争	与控股股东、实际控制人及其控制的其他企业间不得有同业竞争	发行人与控股股东、实际控制人及其控制的其他企业间不存在同业竞争
关联交易	不得有显失公平的关联交易，关联交易价格公允，不存在通过关联交易操纵利润的情形	不得有严重影响公司独立性或者显失公允的关联交易
财务要求	（1）最近 3 个会计年度净利润均为正数且累计超过人民币 3 000 万元，净利润以扣除非经常性损益前后较低者为计算依据 （2）最近 3 个会计年度经营活动产生的现金流量净额累计超过人民币 5 000 万元；或者最近 3 个会计年度营业收入累计超过人民币 3 亿元 （3）最近一期不存在未弥补亏损	（1）最近 2 年连续实现盈利，最近 2 年净利润累计不少于 1 000 万元，且持续增长；或者最近 1 年实现盈利，且净利润不少于 500 万元，最近 1 年营业收入不少于 5 000 万元，最近 2 年营业收入增长率均不低于 30%。净利润以扣除非经常性损益前后孰低者为计算依据 （2）最近一期不存在未弥补亏损
资产要求	最近一期期末无形资产（扣除土地使用权、水面养殖权和采矿权等后）占净资产的比例不高于 20%	最近一期期末净资产不少于 2 000 万元
股本要求	发行前股本总额不少于人民币 3 000 万元，发行后不少于 5 000 万元	发行后股本总额不少于 3 000 万元

在现实生活中，人们一谈到上市公司，就会不由自主地散发由内而外的崇拜之情，在心里觉得上市公司好。因为我们身边有各种各样的公司，但大都不是上市公司。那么，公司该如何上市呢？公司上市需要哪些程序呢？

IPO 股权融资——上市基本法律程序如图 8-10 所示。

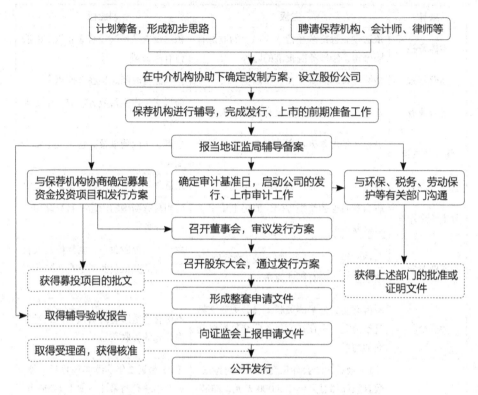

图 8-10　IPO 股权融资——上市基本法律程序

IPO 股权融资——上市步骤及主要工作如图 8-11 所示。

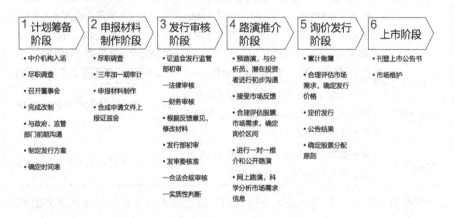

图 8-11　IPO 股权融资——上市步骤及主要工作

IPO 股权融资——发审委审核程序及审核的主要内容如图 8-12 所示。

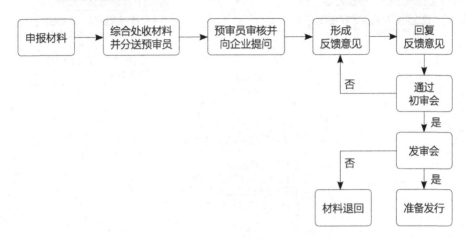

图 8-12　发审委审核程序及审核的主要内容

（1）材料受理

申请文件由保荐机构内部审核并出具推荐函后报证监会。

证监会在 5 个工作日内做出是否受理的决定。

（2）材料初审

证监会创业板发行监管部对发行人申请文件进行法律和财务方面的初审，并在 30 日内将初审意见函告保荐机构和发行人。

保荐机构自收到初审意见之日起 10 日内将补充完善的申请文件报至证监会。

（3）发审委审核

证监会对按初审意见补充完善的申请文件进一步审核，并在受理申请文件后 2 ~ 4 个月内，将初审报告和申请文件提交发审委审核表决。

（4）核准发行

依据发审委的审核意见，证监会对发行人的发行申请做出核准或不予核准的决定。

IPO 股权融资中，制定股票发行价格时主要考虑的因素如图 8-13 所示。

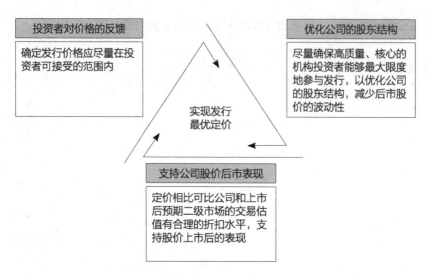

图 8-13　制定股票发行价格时主要考虑的因素

中小企业 IPO 上市并非一朝一夕完成的，而要经历一个漫长的过程。在筹备 IPO 的过程中，需要接触哪些中介机构？每个中介机构的职责是什么？如何选择合适的中介机构呢？

IPO 股权融资——主要中介机构及职责如图 8-14 所示。

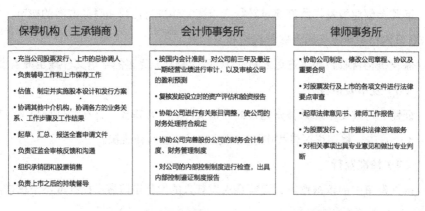

图 8-14　IPO 股权融资——主要中介机构及职责

企业上市需要聘请专业的中介机构，而企业和中介机构之间是一种双向的选择关系。企业在选择中介机构时，往往要注意以下几个方面。

中介机构的资格。在我国，会计师事务所和资产评估事务所从事股票发行及上市业务必须具有证券从业资格，证券公司须具有保荐承销业务资格。

中介机构的执业能力、经验和质量。企业通过了解中介机构，选择具有较强执业能力、熟悉企业所从事业务，并具有良好声誉的中介机构，以保证中介机构的执业质量。

中介机构之间应该具有良好的合作。企业上市是发行人与所选择的中介机构之间通力合作的结果。中介机构之间应该能够进行良好的合作，尤其是在保荐机构与律师事务所、会计师事务所等之间。

另外，中介机构的费用也是企业股票发行和上市要考虑的，具体收费或收费标准一般由双方协商确定。

8.3　不同管理模式下的财务管理

财务管理模式即企业集团公司的财务管理体制，是指存在于企业集团公司整体管理框架内，为实现企业集团公司总体财务目标而设计的财务管理模式、管理机构及组织分工等要素的有机结合，主要涉及母子公司之间重大财务决策权限的划分，包括融资决策权、投资决策权、资金管理权、资产处置权和收益分配权等。母公司和子公司财务管理权限分配的内容，包括会计核算、资金管理、预算管理。

集团管控按分、集权的程度主要分成三种形式：财务管控型、战略管控型和运营管控型。

8.3.1　财务管控型财务管理模式

财务管控型财务管理模式是一种倾向于分权的管理模式。集团总部只负责子公司的财务和资本运营工作，以财务指标对子公司进行管理和考核，追求投资回报、投资业务组合的结构优化和公司价值最大化。集团总部通过财务控制、法律和企业并购的方式完成对子公司的管理。这种管理模式下的集团总部一般不干涉子公司的具体经营和管理活动，集团总部一般没有业务管理部门。这种模式适用于多种不相关产业的投资运作。

财务管控型财务管理模式的优点：集团总部与子公司的产权清晰，子公司是完全独立的经济实体；集团总部的投资较为灵活，可以根据子公司的发展情况选择增持还是退出，有效降低风险；集团总部专注宏观控制和资本经营，减少了与子公司的经营矛盾。

财务管控型财务管理模式的缺点：集团总部对子公司的控制较弱，信息反馈不及时；集团总部与子公司的目标容易不一致。

8.3.2 战略管控型财务管理模式

战略管控型财务管理模式是一种相对集权的管理模式，它的特点是"抓大放小"。集团总部主要关注整个集团的战略规划、领导班子建设和绩效考核等重要工作，以战略规划进行管理和考核，追求公司组合的协调发展、投资业务的战略优化和协调、战略协同效应的培育。集团总部通过财务控制、战略规划与控制和人事控制等方式完成对子公司的管理。这种管理模式下的集团总部要求子公司的重大决策必须与集团总部的其他利益相关部门达成一致，集团总部一般没有具体的业务管理部门。

战略管控型财务管理模式的优点：集团总部侧重于战略决策和资源部署，有利于保证集团的整体发展方向；集团总部与子公司的资产关系明晰，集团总部的风险可控；具有明确的战略规划和战略管理方向，能及时对市场变化做出反应。

战略管控型财务管理模式的缺点：战略决策的正确性取决于子公司信息反馈的及时性和顺畅程度；集团总部未做好战略管理协调会与子公司产生矛盾。

8.3.3 运营管控型财务管理模式

运营管控型财务管理模式是一种高度集权的管理模式。集团总部关注子公司的日常经营行为，通过集团职能管理部门对下属子公司的日常经营运作进行管理，追求各子公司经营行为的统一和优化、公司整体协调成长、对行业成功因素的集中控制与管理。集团总部通过财务控制、战略规划与控制、采购控制、销售控制、人事控制等方式对子公司的日常经营活动进行管理。这种管理模式下的集团总部是各子公司的经营决策中心和生产指标管理中心。为了确保集团总部的决策能及时落实并能解决各种问题，集团总部的职能部门较为完善，职能人员的规模也较为庞大。

运营管控型财务管理模式的优点：集团总部能及时获得子公司的经营活动信息，通过集团职能部门对子公司职能部门的控制关系，完成对子公司的管控；集团总部可以有效地调配各子公司的资源，协调各子公司之间的经营活动。

运营管控型财务管理模式的缺点：集团总部与子公司的资产、经营一体化导致产权关系不明晰，管理风险增加；管理部门设置重叠，导致集团总部与子公司的职能部门的职责分工不清晰，管理成本增加；子公司的不断增加会导致集团总部的工作负担逐渐加重，集团总部对子公司的有效管理和考核越来越难，弱化原有的效益。

这三种管理模式各有优缺点，在实际的生产经营过程中，集团公司的内部管控都是以一种模式为主导的多种模式的综合。例如现在很多的集团公司都会在主营业务之外开展房地产开发、互联网金融等业务，在实际的管理过程中，集团公司的主营业务会采用运营管控型财务管理模式，而房地产开发和互联网金融业务可能分别采用战略管控型财务管理模式和财务管控型财务管理模式。企业的管理模式也不是一直不变的，随着集团公司业务中心的转移，原本采用战略管控型财务管理模式或财务管控型财务管理模式的子公司也有可能转换为采用运营管控型财务管理模式。

附录1 财务部绩效管控工具

财务部绩效考核管理办法

文件名称	财务部绩效考核管理办法		文件编号				
权责部门	财务部、人事部、总裁办		机密等级		★★★		
拟订	财务部	拟定日期		版次	第一版	页码	共 页
CEO审核		执行日期		分发	财务部		

为了加强公司财务部的工作管理，规范工作流程，明确岗位职责，使工作表现与绩效挂钩，特制定此考核办法。此办法由财务经理考核和财务会计考核两部分组成。办法中所指差错主要是准确性、及时性、完整性等方面出现的问题。

一、财务经理的考核办法。财务经理的考核由月度考核与年度考核两部分组成。

1.月度考核。

（1）月度考核的奖金额度为当月公司主营业务收入的0.1%。

（2）月度奖金＝月度主营业务收入×0.1%×考核分数。

（3）考核分数由CEO按财务经理岗位说明书的要求确定（差错分值可参照上一年的工作质量考核结果，并结合本年计划中对财务工作质量控制的目标确定）。

①财务报表的审核、财务分析报告的审核，保证财务报表真实、合理、准确，保证财务分析透彻，根据分析结果制定相关财务解决方案（出现差错一次扣5分）。

②负责医保、农合、收费价格工作的监督和内部协调、外部联系，保证收费的合理性，保证收费价格体系合理、完整（出现差错一次扣5分）。

③工资、社保的审核：工资、社保审核及时、完整、准确（出现差错一次扣5分）。

④报销、借款单据的审核，保证报销、借款业务所附原始单据合理、完整、准确（出现差错一次扣5分）。

⑤财务部各岗位的督导，包括：工作质量、工作效率和财务流程的顺畅度，保证财务工作符合公司的相关规定，满足公司对财务核算与监督的需要（出现差错一次扣5分）。

2.年度考核。

财务经理年度奖金为管理层奖金额度的15%。管理层年度奖金按以下规定发放：当年收入完成预算的80%~100%，按年度收入的1%的系数计提管理层年度奖金；收入完成预算的80%以下，按年度收入的0.8%的系数计提。管理团队分配比例如下：总经理30%、财务部经理15%、运营部经理17%、营销部经理18%、人事部经理10%、行政部经理10%。

（1）依据公司要求编制年度财务预算，对公司的财务预算执行情况进行监督（出现差错一次扣1分，出现严重差错一次扣5分）。

（2）完成公司布置的其他工作（出现差错一次扣1分，出现严重差错一次扣5分）。

（3）配合CEO为公司的重大经营决策提供财务分析或税收筹划等方案（根据实际贡献可以加5~10分）。

（4）制定和完善公司财务制度，配合公司制定相关的内控制度（按年度计划进行考核，没有按时完成一次扣5分，超计划完成可以加5分）。

（5）财务团队的建设，包括岗位考核、业务培训、人员招聘、岗位调整等，保证财务团队稳定、工作质量可靠等（人员流动超过10%扣2分，特殊情况除外）。

（6）负责维护与财务工作相关的税务、银行、物价、统计、事务所等外部单位的关系（工作失误造成公司损失一次扣5分）。

（7）负责组织协调公司外审工作（出现差错一次扣5分）。

二、财务部除财务经理以外的岗位绩效考核依据财务部各岗位说明书，并结合实际情况制定。月度奖金总额为当月主营业务收入的0.2%，考核满分为100分，由财务经理每月考核一次，考核结果90分及以上为优秀，80~90分为良好，60~80分为合格，60分以下为不合格。当年月度考核3次为优秀的员工，可以考虑调高岗位系数，考核3次为60分以下的，将调低岗位系数。（月度员工个人奖金＝收入×0.2%×员工考核总分×员工个人评分）

1.收入、税务会计。

（1）收入核算：日报表审核及时、完整、准确（出现差错一次扣5分、严重差错一次扣10分），应收款的核对准确、完整、及时（出现差错一次扣5分），预收款的核对及时、准确、完整（出现差错一次扣5分），凭证录入及时、准确、完整（出现差错一次扣 5 分），收入日报表和月末报表提交及时、准确和完整（出现差错一次扣 5 分）。

（2）月末报税：月末报税及时（比税务规定的时间提前 2 天，特殊情况可以延期）、准确、完整（出现差错一次扣 10 分）。

（3）发票管理：发票、收据购买及时，发票、收据入库和领用登记及时、完整、准确，发票、收据使用合法、管理合规（出现差错一次扣 5 分、严重差错一次扣 10 分）。

（4）凭证、账簿的打印和装订：凭证、账簿打印和装订及时、完整、准确（出现差错一次扣 5 分）。

2.成本、费用会计。

（1）采购付款的审核：采购业务审核及时、完整、准确（出现差错一次扣 5 分），采购合同的管理（保管、建立台账）。

（2）成本核算：月末成本核算及时、准确、完整（出现差错一次扣 5 分）。

（3）存货的管理：耗材登记及时、完整、准确（出现差错一次扣 5 分）。

（4）固定资产的管理：固定资产管理及时、准确、完整（出现差错一次扣 5 分）。

（5）日常费用的核算：日常费用的会计核算（出现差错一次扣 5 分），配合财务经理建立和完善相应的财务制度、条例（制定实施一项制度加 10 分）。

（6）期末按时完成成本、费用对比分析表（出现差错一次扣 5 分）。

3.配镜会计。

（1）眼镜公司收入日报表审核及时、完整和准确（出现差错一次扣 5 分）。

（2）眼镜公司成本核算及时、完整和准确（出现差错一次扣 5 分）。

（3）眼镜采购业务审核及时、完整、准确（出现差错一次扣 5 分）。

（4）眼镜采购合同管理及时、准确、完整（出现差错一次扣 5 分）。

（5）月末账务处理及时、准确、完整（出现差错一次扣 5 分）。

（6）期末纳税申报及时、准确、完整（出现差错一次扣 10 分）。

（7）建立和完善与眼镜业务相关的财务制度和条例（出现差错一次扣 5 分）。

（8）公司和眼镜公司货币资金的监管及时、准确、完整（出现差错一次扣 10 分）。

4.医保会计。

（1）公司收费价格管理及时、准确和完整（出现差错一次扣 5 分）。

（2）医保数据的上传与报表数据的核对（出现差错一次扣 5 分）。

（3）医保数据的监管（出现差错一次扣 5 分）。

（4）医保会议的组织和协调工作，组织相关部门进行医保培训（定期组织，少一次扣 5 分）。

（5）市场部转诊费核算与支付及时、完整、准确（出现差错一次扣 5 分）。

（6）住院、门诊和住院手术结算工作（出现差错一次扣 5 分）。

（7）配合收入会计做好应收款（医保）和预收款的统计核对工作（出现差错一次扣 5 分）。

（8）结算组的管理（出现纠纷，有责任扣 5 分）。

5.出纳。

（1）公司日常报销、借款工作（出现差错一次扣 5 分、严重差错一次扣 10 分）。

（2）每日的现金盘点及对账，编制货币资金收支表（出现差错一次扣 5 分）。

（3）监督收银员的备用金管理，抽盘和监盘收银员现金（抽查发现差错一次扣 5 分，如发现差错不上报一次扣 10 分）。

（4）负责办理与银行相关具体工作，保证及时、完整（出现差错一次扣 5 分）。

（5）收入日报表的核对（出现一次差错扣 5 分、严重差错一次扣 10 分）。

（6）日常管理（合理排班、服务质量、人员调配、零钱的换取、发票审核等）。

备注：考核打分的标准可依据岗位对差错率的要求进行适当调整，所有岗位迟到一次扣 5 分。

附录 2　利润管控工具

下表是北京××××有限责任公司利润设计预测与管控表。

北京××××有限责任公司利润设计预测与管控

报告月份：　　　××年××月

销售数量	
销售收入	
销售税金及附加	
销售成本	
直接材料	
占收入（%）	
材料××	
材料××	
材料××	
材料××	
辅料	
直接人工	
占收入（%）	
间接人工	
占收入（%）	
其他制造费用	
占收入（%）	
毛利	
毛利率%	

编制人：　　　　　　　　　　　审核人：

日期：　　　　　　　　　　　　日期：

附录 3　税务风险管控工具

下表是税务风险调查表。

序号	调查项目（第一类）	结果
1	您是否对公司主要税种的税负率认真测算过	
2	公司在招聘会计人员时，是否测试其办税能力	
3	您对所从事行业的相关税收优惠政策是否了解	
4	公司是否对采购人员索要发票事项进行过培训	
5	对外签订相关经济合同是否考虑过对纳税的影响	
6	租赁、融资、购房或投资是否考虑纳税的事项	
7	新业务发生时是否系统地咨询过相关财税专家	
8	新颁布的税收政策法规是否在 30 日内学习掌握	
9	对于税务局的评估、约谈或稽查，您是否了解其意图	
10	是否聘请过财税专家定期进行财税风险的诊断	

序号	调查项目（第二类）	结果
1	您公司是否存在抽逃资本的情况	
2	您公司是否存在货币资金账实不符的现象发生额及余额	
3	您公司是否存在存货账实严重不符的现象	
4	您公司是否存在大量非经营性往来其他应收款、其他应付款	
5	您公司是否按开票时间计税并确认收入	
6	购销业务中是否存在经常性或较大金额的"票流""物流""资金流"不一致的情况	
7	您公司是否存在大金额的现金支付费用	
8	您公司是否存在较大金额的应付账款长期挂账问题	
9	您公司"资本公积"科目是否经常变动	
10	您公司是否存在较大金额或比例的现金销售	

调查结果分析。

第一类调查项目，有 3 个否定回答时，公司可能存在安全隐患；有 6 个以上否定回答时，则公司可能存在较大税务风险。

第二类调查项目，有 3 个以上肯定回答时，公司存在较大税务风险；有 6 个以上肯定回答时，则公司存在很大税务风险。

附录 4. 投融资管控工具

下表是固定资产投资回报分析基本模型。

固定资产投资回报分析基本模型

单位：万元

	第1年	第2年	第3年	第4年	第5年	第6年	第7年	第8年	第9年	第10年	制作思路说明
现金流入											
毛利增加	1 000	1 000	1 000	1 000	1 000	1 000	1 000	1 000	1 000	1 000	产出之一：通过增加产能，提高了每年的销售收入；可以自己对产能提高固定资产需要进行大致估计，为方便与新增固定资产投入同口径比较，用毛利润计算较好的投入同口径比较
成本节约	50	50	50	50	50	50	50	50	50	50	产出之二：1. 新增的固定资产能带来劳动生产率的提高，节约一部分原来需要投入的生产和管理成本；2. 现在以租代购，每年支付租金，如果投入固定资产，则每年这部分租金可以节省下来
现金流入小计	1 050	1 050	1 050	1 050	1 050	1 050	1 050	1 050	1 050	1 050	
现金流出											
初始投资	2 500									2 500	固定资产投入的初始价值，包括设备设施的购买值和建设成本、建设期利息
固定资产更新改造				375				375			归属资本性支出的维护支出，一般按固定资产的原值的百分比进行估算

续表

	第1年	第2年	第3年	第4年	第5年	第6年	第7年	第8年	第9年	第10年	制作思路说明
日常维修维护费用	75	75	75	75	75	75	75	75	75	75	归属损益性支出的维护支出，根据维修划所需的料、工、费计算
银行利息	164	164	164	164	164	164	164	164	164	164	贷款购置资产的利息支出，即便不贷款，也要考虑机会成本，尤其是在租还是买资产的决策中，资金占用成本必须考虑
其他付现成本及费用	1	1	1	1	1	1	1	1	1	1	任何付现成本，只要是因为购置固定资产才发生的，产品的变动成本不包括在内，那是决策无关成本
现金流出小计	2 740	240	240	615	240	240	240	615	240	2 740	
净现金流	(1 690)	810	810	435	810	810	810	435	810	(1 690)	原则上除了初始投资年，其各年的当期净现金流尽量为正，这样投资测算的可靠性更好，风险性更低

ROI-投资回报率	38%
NPV-净现值（万元）	¥1 311
PP-投资回收期（年）	2.16

投资构成		初始投资（万元）
股东投入	50%	2 500
银行贷款	50%	2 500
总计	100%	5 000

银行贷款利息（五年期）	6.55%

提示：提高固定资产投资回报率的几个思路。

1. 合理利用财务杠杆的投入产出比放大效应，在风险可控的前提下提高贷款比例。

2. 条件允许的情况下，灵活安排还款计划。

3. 尽量推迟各项付现支出的发生时间。

附录5 现金流管控工具

下表是北京×××有限责任公司现金流管控工具集。

北京×××有限责任公司　　　　　　　　　　　　　　　2020年2月28日 星期五

现金及银行存款每日余额表

	交通银行股份有限公司北京×××支行 基本户	交通银行股份有限公司北京×××支行 一般户（保险等）	招商银行北京分行×××支行 一般户（员工支付）	现金	总计
1. 前日余额（+） 截至2020年2月27日	11 617 580.14	19 268.39	2 263 757.10	1 137.21	13 901 742.84
当日收款（+）	10 000 000.00				10 000 000.00
当日付款（-）	-868 496.59		-1 880 103.28		-2 748 599.87
付款退回（+）	30 955.00		2 500.00		33 455.00
当日公司账户间转账（+/-）	-100 000.00	100 000.00			0.00
当日提现（-）	-50 000.00				-50 000.00
手续费扣款（-）	-250.00				-250.00
其他（+）					
2. 当日余额（+） 截至2020年2月28日	20 629 788.55	119 268.39	386 153.82	1 137.21	21 136 347.97
3. 在途支付（-）	-346 650.00	-50 130.45	0.00	0.00	-396 780.45
已开出未兑付的票据	-215 100.00	0.00	0.00	0.00	-215 100.00

续表

	交通银行股份有限公司北京×××支行	交通银行股份有限公司北京×××支行	招商银行北京分行×××支行	现金	总计
	基本户	一般户（保险等）	一般户（员工支付）		
明细：供应商 a 货款	−200 100.00				−200 100.00
明细：供应商 b 货款	−15 000.00				−15 000.00
明细：……				0.00	0.00
银行结算浮游款项	−131 550.00	−50 130.45	0.00	0.00	−181 680.45
明细：供应商 c 货款	−119 000.00				−119 000.00
明细：社保扣款	−12 550.00	−50 130.45			−62 680.45
4. 付款退回之重新支付（−）	−30 955.00	0.00	−2 500.00	0.00	−33 455.00
明细：员工工资退回	−30 955.00		−2 500.00		−33 455.00
明细：……					0.00
明细：……					0.00
5. 在途收款（+）	327 564.00	0.00	0.00	0.00	327 564.00
明细：中达货款	206 790.00				206 790.00
明细：华富货款	120 774.00				120 774.00
预计明日可动用现金	20 579 747.55	69 137.94	383 653.82	1 137.21	21 033 676.52
2020 年 2 月 29 日					

编制人：

日期：

审核人：

日期：